LAS SECTAS Y CULTOS MÁS MISTERIOSOS DE LA HISTORIA EN ESPAÑOL

Todo lo que Querías Saber de los Grupos más Peligrosos y Terroríficos de la Historia

BLAKE AGUILAR

© **Copyright 2021 – Blake Aguilar - Todos los derechos reservados.**

Este documento está orientado a proporcionar información exacta y confiable con respecto al tema tratado. La publicación se vende con la idea de que el editor no tiene la obligación de prestar servicios oficialmente autorizados o de otro modo calificados. Si es necesario un consejo legal o profesional, se debe consultar con un individuo practicado en la profesión.

- Tomado de una Declaración de Principios que fue aceptada y aprobada por unanimidad por un Comité del Colegio de Abogados de Estados Unidos y un Comité de Editores y Asociaciones.

De ninguna manera es legal reproducir, duplicar o transmitir cualquier parte de este documento en forma electrónica o impresa.

La grabación de esta publicación está estrictamente prohibida y no se permite el almacenamiento de este documento a menos que cuente con el permiso por escrito del editor. Todos los derechos reservados.

La información provista en este documento es considerada veraz y coherente, en el sentido de que cualquier responsabilidad, en términos de falta de atención o de otro tipo, por el uso o abuso de cualquier política, proceso o dirección contenida en el mismo, es responsabilidad absoluta y exclusiva del lector receptor. Bajo ninguna circunstancia se responsabilizará legalmente al editor por cualquier reparación, daño o pérdida monetaria como consecuencia de la información contenida en este documento, ya sea directa o indirectamente.

Los autores respectivos poseen todos los derechos de autor que no pertenecen al editor.

La información contenida en este documento se ofrece únicamente con fines informativos, y es universal como tal. La presentación de la información se realiza sin contrato y sin ningún tipo de garantía endosada.

El uso de marcas comerciales en este documento carece de consentimiento, y la publicación de la marca comercial no tiene ni el permiso ni el respaldo del propietario de la misma.

Todas las marcas comerciales dentro de este libro se usan solo para fines de aclaración y pertenecen a sus propietarios, quienes no están relacionados con este documento.

Índice

Introducción — vii

1. El Principio, Características De Los Líderes Y Su Forma De Atraer — 1
2. Sexo, Drogas y La Retención — 13
3. Aleister Crowley, el Padrino de los Cultos Modernos — 21
4. 4 Cultos, Diferentes Objetivos — 29
5. Mujeres Líderes en los Cultos — 41
6. Los 6 Cultos Menos Conocidos — 67
7. El Movimiento Raeliano, La Cienciología Y Los Hijos De Dios — 79
8. Los Cultos De La Era Moderna — 99
9. Los Cultos Que Aún Siguen Vivos — 117
10. Los 6 Cultos Más Famosos En México — 133
11. Cultos Populares De Un México Contemporáneo — 155

Conclusión — 165

Introducción

Empecemos por contestar una pregunta, ¿Qué es un culto? En pocas palabras, un culto es un grupo de personas que siguen un sistema de creencias alternativo. Sin embargo, un culto es mucho más complicado y se comprende mejor cuando se considera como un proceso que ocurre con el tiempo. Inicialmente, un individuo carismático asume el papel de salvador y atrae seguidores con una doctrina derivada, pseudorreligiosa o política. El término "culto" se aplica generalmente cuando las actividades de grupo se caracterizan por la participación en prácticas sexuales desviadas o actos violentos contra la disidencia interna o amenazas externas, reales o percibidas.

Ahora, ¿Por qué la gente decide unirse a estos cultos?

Bueno, el colapso de los órdenes sociales establecidos, la crisis religiosa, las dificultades económicas o la represión política pueden actuar como catalizadores que envían a las personas en busca de alternativas a las fracasadas narrativas sociales. Los iniciados del culto suelen ser vulnerables de alguna manera. menudo luchando con el dinero o las relaciones. Sin embargo, con la misma frecuencia, los nuevos reclutas pueden estar completamente bien adaptados y aún desilusionados con el "status quo".

Por último, ¿Cuál es la diferencia entre una secta y un culto? Aunque una secta puede convertirse en un culto, y ambos términos tienden a tener una connotación negativa, los dos términos no son intercambiables. Una secta se forma después de un desacuerdo sobre la doctrina en un sistema de creencias establecido. A menudo, las sectas se forman debido a una lucha de poder dentro de la organización. Por ejemplo, cuando el cristianismo se dividió entre la iglesia ortodoxa y católica, la denominación católica fue vista como una "herejía" por su contraparte oriental. Lo que distingue a un culto de una secta es la ruptura total con la ortodoxia y una introducción de cualquier número de acciones y rituales tabú.

1

El Principio, Características De Los Líderes Y Su Forma De Atraer

DOMINANDO las Mentes

Una esposa y una madre felizmente casadas se alejan de su esposo e hijos sin previo aviso. Una adolescente brillante, capitana del equipo de porristas y estudiante del cuadro de honor deja atrás a sus amigos y familiares. Familias enteras, miles a la vez, desarraigan sus vidas (y a menudo los ahorros de sus vidas) para seguir las enseñanzas y trayectorias necias de una sola alma.

¿Pero por qué? ¿Qué es lo que hace que los cultos sean a la vez formidables e irresistibles? La mayoría ha tenido una cosa en común: liderazgo incondicional.

. . .

Cultos contemporáneos como Cienciología, El Templo de los Pueblos, Hijos de Dios y Aleph (antes conocido como Aum Shinrikyo), aunque varían en la práctica, son similares en el sentido de que cada uno comenzó como un culto de uno, dirigido y compuesto por un increíble individuo carismático un individuo que se cree el guía espiritual sin el cual cada culto, inevitablemente, dejaría de ser.

¿Cómo convencen estos hombres a otros para que acepten sus esfuerzos mesiánicos? Las técnicas varían.

Sin embargo, los líderes de los cultos a menudo comparten rasgos similares: diligencia, compromiso, seguridad, confianza en sí mismos, carisma e inteligencia. Del mismo modo, también lo hacen la mayoría de los directores ejecutivos, empresarios y activistas profesionales. Sin embargo, a diferencia de otros tipos de figuras autorizadas, los líderes de los cultos a menudo no pueden separar sus ideas personales de las identidades personales.

En otras palabras, la necesidad de mantener el control sobre los empleados, seguidores, familiares u otros subordinados es imperativo, ya que estar en desacuerdo con una sola creencia o idea puede verse como una afrenta deliberada o un rechazo al líder mismo.

Perfil de un líder

L. Ronald Hubbard, Jim Jones, David Koresh. Marshall Applewhite, Charles Manson, David Berg y Shoko Asahara, todos líderes de algunos de los cultos más grandes del mundo, han sido descritos por sus seguidores usan atributos similares: carismáticos, seguros de sí mismos, justos, apasionados y motivados. Sin embargo, estos hombres y otros líderes de cultos no encarnan desinteresadamente estas características. Más bien, los usan para cubrir rasgos de personalidad fundamentalmente egoístas, rasgos potencialmente destructivos para cualquiera que entre en contacto con estos individuos.

No es sorprendente que muchos líderes de culto y sus medios de control a menudo se clasifiquen en el perfil de trastorno narcisista de la personalidad (NPD).

. . .

Las personas con NPD tienden a tener un sentido inflado de importancia personal, carecen de empatía y tienen una profunda necesidad de admiración por parte de los demás. A menudo, estos rasgos cubren una autoestima frágil que es sensible a la más mínima crítica.

La Asociación Estadounidense de Psiquiatría asocia NPD con los siguientes criterios:

- Tener un sentido de sí mismo de importancia exagerado.
- Exagerando logros y talentos
- Esperando ser reconocido como superior sin logros que lo ameriten
- Estar preocupado por fantasías sobre el éxito, el poder, la brillantez, la belleza o la pareja perfecta.
- Creer que eres superior y que sólo puedes ser comprendido o asociado con personas igualmente especiales.
- Requerir admiración constante
- Tener un sentido de derecho
- Esperando favores especiales y el cumplimiento incondicional de sus expectativas

- Aprovecharse de los demás para conseguir lo que quieren
- Tener incapacidad o falta de voluntad para reconocer las necesidades y sentimientos de los demás

La dinámica de la relación en los cultos refleja la mayoría de los rasgos anteriores. Los líderes a menudo hacen afirmaciones extravagantes de poder salvar almas perdidas y torturadas o de saber cómo, cuándo y por qué terminará el mundo. Piden a sus seguidores que se suscriban a un estilo de vida que a menudo incluye renunciar a las pertenencias materiales, el dinero, el pensamiento independiente y las relaciones fuera del culto. Los cultos dirigidos por hombres, como muchos son, casi siempre imponen requisitos sexuales excesivos o prohibitivos a las mujeres como condición para seguir siendo parte del grupo. Estos sacrificios están empaquetados como parte de un evangelio o enseñanza que solo el líder puede comprender verdaderamente. Como tal, las leyes de cada culto religioso o doctrina social están sujetas a cambios a voluntad del líder, dejando a los miembros completamente vulnerables y dependientes de la guía de su líder.

. . .

Si el culto guía toda la vida de un miembro, sin un liderazgo claro y directo, el miembro puede sentirse fácilmente desamparado, susceptible a la influencia externa.

Los cultos, que funcionan según lo previsto, dirigen la vida de los miembros, con actividades y rituales cotidianos que sirven como los únicos indicadores de la realidad y la responsabilidad. Sin un liderazgo claro y directo, cualquier miembro podría sentirse fácilmente desamparado y susceptible a la influencia externa. Los líderes entienden esto y hacen todo lo posible para evitar perder su lugar como figura central en la vida de sus miembros. Aquellos miembros que no están dispuestos a cumplir con los requisitos del culto a menudo son excomulgados, sometidos a una intensa presión de grupo o, como se alega en Cienciología, se les niega comida, agua, contacto humano y se los retiene en contra de su voluntad hasta que cumplen.

Los científicos todavía están investigando las causas de la NPD y no afirman comprender completamente sus orígenes. Algunas investigaciones apuntan a factores genéticos, mientras que otros estudios examinan la vida familiar y las influencias de la comunidad.

Incluso sin una comprensión completa de los factores psicológicos de la contribución al desarrollo de un líder de culto, una perspectiva histórica sugiere que desde finales de la década de 1960 hasta la de 1970 contuvieron poderosas fuerzas sociales que proporcionaron un terreno fértil para una gran cantidad de mesías narcisistas autoproclamados.

El principio de los cultos

El emperador romano Diocleciano adoptó una antigua creencia persa de que los gobernantes eran descendientes de dioses. Aplicó esta creencia a la estructura política romana. La fe de Diocleciano engendró cultos que adoraban al emperador como divinidad. El origen de muchas de las afirmaciones monárquicas europeas de sangre divina se remonta a Diocleciano.

Los cultos de misterio de la antigua Grecia eran una práctica común. Las religiones oficiales del estado coexistieron con muchas creencias derivadas o precursoras.

. . .

Las personas podían participar en tantos misterios (ritos secretos, ceremonias y prácticas) como quisieran siempre y cuando estos misterios no se discutieran públicamente.

Los cultos romanos a la muerte no eran tan siniestros como suenan. Siguiendo el edicto de Diocleciano de que los emperadores descendían de los dioses, la gente comenzó a adorar a los gobernantes romanos caídos.

Como tal, las máscaras mortuorias de los emperadores fallecidos sirvieron como ídolos de los cultos. De hecho, no pertenecer a un culto a la muerte podría considerarse una falta de respeto al estado.

La adoración de un solo dios no era inaudita antes del cristianismo. Los hippistarianos, un culto mediterránea activo desde el 200 a. C. hasta el 400 d. C., dedicaron su fe a un concepto vagamente traducido del helénico al hebreo como "supremo".

El ritual religioso, la visión divina y los ritos de culto se han asociado durante mucho tiempo con los psicodélicos o alucinógenos. Las drogas eran probablemente componentes de los misterios de Eleusis, ceremonias populares en el mundo antiguo que celebraban el ciclo agrario de siembra y cosecha. El viaje anual de Perséfone al inframundo fue un componente importante de este misterio.

Personas ordinarias

Aunque existen condiciones comunes que pueden crear un entorno social propicio para los cultos, no hay rasgos que necesariamente creen, con certeza, un seguidor de un culto. Como se evidencia en la historia inicial de las hermanas Bronfman (aquí), la gente común, joven o vieja, rica o pobre, educada y no educada, busca conexión, disciplina y aceptación a través de actividades de culto. De hecho, la idea común de que alguien se une a un culto porque es ignorante o sin educación es un mito. Bien puede ser que sea todo lo contrario, que el individuo intelectualmente curioso y educado tenga más riesgo de unirse a un culto ¿Por qué? Porque nadie se une a un culto.

. . .

Sin embargo, las personas se unen a instituciones religiosas reformadas, partidos políticos progresistas, centros espirituales, grupos de autoayuda, asociaciones comunitarias u otras organizaciones sociales sustitutas que buscan cambiar sus vidas o las vidas de otros.

Una propuesta secreta

Una de las formas más comunes en que las sectas atraen miembros es apelando a un deseo inherente de hacer algo bueno. Un gran número de miembros de un culto ingresa porque tienen el deseo de experimentar algo mejor (sin saber qué podría ser ese "mejor") o ser parte de un cuerpo de personas contribuyendo positivamente al mundo en el que viven. Así como la mayoría de las ingestas de cultos se unen por un deseo de hacer el bien, la mayoría de los miembros reclutan a otros porque a menudo se les hace creer que sus acciones son necesarias para mejorar la vida de otro, particularmente de otros miembros del culto. Es comprensible que el deseo de participar y mejorar podría ser un atractivo poderoso para casi cualquier persona.

. . .

Imagínese, no tiene prisa y una persona atractiva y carismática se acerca cortésmente a usted para ver si está interesado en realizar una encuesta, una que se utilizará para mejorar las condiciones sociales de su ciudad natal. A lo largo del proceso, la persona que lo entrevista está muy atento (incluso intuitivo) a sus respuestas y reacciona positivamente a todas las sugerencias que usted hace. Sientes (como se dice que muchos ex miembros de un culto han sentido) que realmente te están escuchando, quizás por primera vez en tu vida; sus ideas y sugerencias están siendo realmente reconocidas. Al final de la encuesta, su entrevistador explica que cree que tiene excelentes ideas y lo invita a una reunión de una organización comunitaria para compartirlas. Ya sea que lo sepas o no, te acaban de invitar a tu introducción inicial al culto.

Si lo anterior suena creíble, es porque es real. Esta táctica se usa todos los días para atraer a personas sin pretensiones a actividades de culto y las asociaciones.

2

Sexo, Drogas y La Retención

El sexo y las drogas

Cada culto necesita seguidores para sobrevivir. Usando drogas, sexo y manipulación psicológica y fisiológica sistemática, los cultos han perfeccionado formas de asegurar que cualquier intento de irse sea un proceso doloroso, alienante y, a veces, mortal.

La dependencia

La retención de la membresía comienza con el trabajo, y mucho.

. . .

Como medio de vinculación a través del trabajo, los miembros del culto a menudo tienen tareas insuperables, como (en el caso del Templo del Pueblo de Jim Jones) cuidar de toda la población sin hogar de San Francisco. Si bien puede existir una razón lógica para que el culto requiera que los miembros se comprometan tanto tiempo para cualquier causa (el futuro del mundo está en juego, por ejemplo) también hay una razón más siniestra: el aislamiento. Los cultos necesitan seguidores que dependan del culto para todo, desde sus necesidades materiales hasta su bienestar emocional.

La forma más segura de crear esa dependencia es cortando los lazos personales, profesionales y familiares de los miembros. Las relaciones toman tiempo. La rendición de cuentas de un culto logra monopolizar ese tiempo, asegurando que todos los lazos externos desaparezcan.

Contrariamente a la intuición, los antiguos miembros del culto han declarado que la falta de participación y libertad externas era una especie de libertad en sí misma.

. . .

En lugar de demasiadas opciones y responsabilidades, y más información de la que un individuo puede procesar de manera factible, el deber singular del culto puede resultar extremadamente atractivo.

La prostitución como una herramienta

La sexualidad y la identidad están fundamentalmente entrelazadas. Los líderes de los cultos parecen saber y entender que romper el control de una persona sobre su propio cuerpo es una forma poderosa de crear un seguidor obediente. Como tal, el sexo, como herramienta de dominación y manipulación, es un fenómeno recurrente dentro de los cultos.

Una vez que el individuo renuncia al autocontrol, está completamente subordinado, perfectamente dedicado al líder del culto. Los líderes de los cultos también usan el control sexual para minimizar la interconexión familiar -entre padre e hijo, esposo y esposa- y reorientar la atención y el apego hacia ellos mismos.

. . .

Dwight York, de la United Nuwaubian Nation of Moors, dictó cómo, cuándo y con quién tenían relaciones sexuales sus miembros mientras se ayudaba a sí mismo a cientos de niños y niñas, ofreciéndoles la entrada al cielo a cambio de un acoso forzado. Jim Jones se expuso y violó a sus seguidores masculinos, a menudo frente a la congregación, con la intención de demostrar que él era de hecho "el único heterosexual verdadero". David Koresh anuló todos los matrimonios entre miembros de la Rama Davidiana, otorgándole el derecho exclusivo a acostarse con cualquier persona que eligiera, hombre o mujer. Charles Manson requirió que sus seguidores (que eran en su mayoría mujeres) se sometieran al sexo a pedido como condición para ser miembro. David Berg convirtió a todas las mujeres miembros de The Family International en prostitutas; también afirmó que el incesto y el abuso de menores son un principio de la doctrina del culto. Esta lista podría continuar y, lamentablemente, continúa.

Aunque la mayoría de las reglas de los líderes de cultos con respecto al sexo se derivan completamente de las preferencias personales, pocos están por encima de crear pautas de culto o citar y bastardar versos religiosos aceptados para respaldar sus creencias.

· · ·

El papel que juegan las drogas

Las drogas se han asociado durante mucho tiempo con los rituales de culto; sin embargo, el consumo de drogas no es necesariamente (como muchos suponen) una piedra angular de toda filosofía de culto. Por ejemplo, la familia Manson habló muy públicamente sobre el uso de LSD, pero, nuevamente, el LSD no sirvió como un factor central en las visiones de Charles Manson de la guerra racial o en sus muchas divagaciones teológicas. Aleister Crowley escribió a menudo sobre su consumo de drogas recreativas, pero el consumo de drogas no cumple una función destacada en la filosofía religiosa de Crowley, Thelema.

¿Han jugado las drogas ilícitas un papel importante en los cultos? Si. Ya en el siglo XVI, los misioneros españoles usaban un alucinógeno identificado como ololiuqui (derivado de las semillas de la gloria de la mañana). En la América precolonial, las drogas se utilizaban a menudo en rituales religiosos: las iglesias nativas americanas todavía continúan el uso de peyote y mescalina (alucinógenos derivados del cactus Lophophora williamsii) en antiguas ceremonias de oración hasta el día de hoy.

Sin embargo, el uso de drogas en los cultos contemporáneos, particularmente en los años sesenta, es algo paradójico. Como resultado de la popularización de la nicotina, los narcóticos y el alcohol durante el movimiento juvenil y el creciente interés en el culto y el ocultismo, el uso de drogas de culto contemporáneo se aisló con mayor frecuencia dentro de los hábitos del líder del culto. Además, en lugar de alentar el uso de alucinógenos para alcanzar los niveles trascendentales prometidos a los miembros de los cultos, los narcóticos, cuando se usaban en los miembros, eran un medio de control y manipulación masiva.

Uno de nosotros

Con mucho, la forma más eficaz en que los cultos prohíben la retirada de sus miembros es a través de la presión de grupo. Los seguidores tienen prohibido hablar con aquellos que se van y los que desobedecen son castigados. La decisión de irse debe tomarse en secreto, ya que los miembros están capacitados para denunciar a cualquier persona que lo discuta.

. . .

Si se descubre, la persona que busca escapar probablemente será interrogada por el líder del culto y los más cercanos a él o ella emplearán la culpa, la decepción y la repulsión como una forma de lograr que se queden.

Algunos cultos llegan más lejos, utilizando técnicas de "reorientación" para lograr que sus miembros se queden.

Cualquiera que nunca haya estado en un culto podría tener dificultades para comprender el poder que las sectas tienen sobre sus miembros. Considere a Lisa McPherson, una persona dedicada a la cienciología, que murió en 1995. McPherson tuvo un accidente automovilístico pero ileso. Los paramédicos inicialmente la liberaron de la escena, pero luego la llevaron a un hospital después de que comenzó a quitarse la ropa: informó haber dicho que pensaba que si se desnudaba recibiría asesoramiento. Mientras estaba bajo observación en un hospital de Clearwater, Florida, un grupo de compañeros cienciólogos la visitó y poco después pidió que la dejaran en libertad. (La cienciología se opone rotundamente a la psicología y es probable que la iglesia no quisiera que McPherson se sometiera a tratamiento).

A McPherson se le puso lo que los cienciólogos llaman una "vigilancia de aislamiento", que consistía en dejarlo solo en una habitación. Murió unos días después de la deshidratación y un informe forense señaló que no había tomado agua durante más de cinco días. Su familia afirmó que estaba retenida contra su voluntad.

La dinámica en juego para reclutar y retener a los miembros de un culto es una interacción compleja de insatisfacción con el "status quo", el ego, el servilismo, la identidad de grupo y la explotación. Si bien muchos descartan a los miembros de un culto como si se hubieran unido por su propia voluntad y piensan que pueden irse en cualquier momento, en realidad, dejar un culto requiere una fuerza personal que pocas personas poseen.

3

Aleister Crowley, el Padrino de los Cultos Modernos

DESCIFRAR la vida de Aleister Crowley (nacido como Edward Alexander Crowley en Inglaterra, 1875) no es una tarea fácil. Esto se debe en parte a que Crowley pasó gran parte de su tiempo trabajando para el gobierno británico como espía. Aunque el Ministerio del Interior (un departamento ministerial del Gobierno del Reino Unido) nunca ha reconocido oficialmente su papel, varios historiadores prácticamente han sellado el caso a su favor. Crowley, un consumado aficionado al alpinismo, poeta y héroe oculto, es una persona notablemente compleja.

En 1903, Crowley se casó con Rose Edith Kelly. Su luna de miel en París y El Cairo sembraría la primera de las semillas que luego florecieron en Thelema.

Mientras estaban en El Cairo en 1904, Crowley y Kelly estudiaron de cerca las creencias religiosas del Antiguo Egipto. Un día Crowley escuchó una voz en su cabeza que lo llamaba por su nombre; entendió que era Aiwass, el mensajero del dios egipcio Horus. Durante los siguientes tres días, Crowley transcribió todo lo que le dijo Aiwass, llamando al resultado El Libro de la Ley. Se convertiría en el texto fundacional de Thelema.

Sin saber qué hacer con El libro de la ley, Crowley envió el manuscrito a varios conocidos y luego se olvidó en gran medida de él. Si bien supuestamente recibió otras visitas de Aiwass y escribió más libros como resultado de ellas durante los próximos años, no fue hasta 1909 que Crowley finalmente revisó el tomo original y comenzó a dedicar su vida a practicar lo que la voz en su interior había predicado.

Thelema se basa principalmente en las tradiciones místicas de las religiones establecidas en el mundo y envolvió estas influencias en los rituales de los movimientos ocultistas europeos más recientes que Crowley estudió como miembro de la Orden Hermética de la Golden Dawn. La creencia rectora de Thelema: "Haz tu voluntad será la totalidad de la Ley.

El amor es la ley, el amor bajo la voluntad". Los detractores posteriores de Crowley a menudo editaron selectivamente la frase para decir: "Haz lo que quieras", y la etiquetaron como una forma disfrazada de hedonismo, que el estilo de vida de Crowley no hizo nada para desengañar. Si bien esto era parte de lo que Crowley quería decir, la frase, y Thelema en sí, también tenían un significado más profundo y matizado. Al animar a sus discípulos a seguir su "Verdadera Voluntad", Crowley se refería a alinear perfectamente el estilo de vida de uno con los impulsos más profundos de la naturaleza espiritual de uno y aniquilar el yo al fusionado con el universo.

Ideológicamente, Thelema puede ser un intento positivista de humanismo, sin embargo, Crowley, siendo un opositor recalcitrante, a menudo hizo que Thelema pareciera mucho más controvertido a través de sus acciones. Crowley era propenso a ataques de pasión y, a menudo, podía ser cruel, especialmente con las personas cercanas a él. Consideraba a las mujeres moral e intelectualmente inferiores a los hombres.

Públicamente bisexual, Crowley publicó varios volúmenes de poesía del género homoerótico, en una época que castigaba tal comportamiento con la cárcel y trabajos forzados.

También era racista, considerando que todas las razas no blancas eran inferiores. Muchos críticos concluyen que Crowley no había dejado los prejuicios raciales y sociales de su educación de clase alta tan atrás como le gustaría creer.

Thelema también fue vilipendiada por su incorporación a rituales de magia sexual y el uso ocasional de heces humanas de sangre animal.

Los críticos oportunistas a menudo eligieron los "crowleynismos" fuera de contexto. Citado en los tabloides británicos, Crowley dijo: "Un hijo varón de perfecta inocencia y alta inteligencia es la víctima más satisfactoria". El tabloide dijo que se refería al sacrificio humano, pero en realidad se trataba de los pensamientos de Crowley sobre la masturbación. A pesar de que no eran ciertos, Crowley a menudo aceptaba tales rumores y se deleitaba con el título que le había otorgado un tabloide británico conservador de la época como "el hombre más malvado del mundo".

Thelema ha tenido una gran influencia en los sistemas de creencias alternativos que le siguieron. Sin embargo, durante su propia vida Crowley no pudo establecer un culto floreciente. Esto probablemente se deba a la negativa de Crowley a ser visto como un dios.

En repetidas ocasiones declaró a los seguidores de Thelema que la religión era más importante que su mensajera. Los seguidores eran libres de irse cuando quisieran. Y Crowley, él mismo, nunca estuvo en un lugar el tiempo suficiente para establecer una base física o seguidores. A diferencia de otros líderes de culto que se comprometieron únicamente con sus creencias, Crowley pasó gran parte de su tiempo pintando, componiendo versos y escribiendo. No creía en la teología cristiana; Thelema se basa en un cuerpo de conocimientos tan alejado de las prácticas religiosas dominantes que la mayoría de las personas que buscan una alternativa familiar no pueden encontrarle sentido.

Las enseñanzas de Thelema se adaptaron de forma única a su época.

. . .

El sistema de creencias, basado en la idea de que la religión humana ha pasado por tres fases o Eones, cada una con un enfoque único para la práctica de la espiritualidad, enseña que la primera fase, Eón de Isis, tuvo lugar durante el mundo antiguo, cuando las deidades femeninas y una glorificación de la naturaleza, reinaban como supremas. A continuación, el Eón de Osiris, dominado por dioses masculinos y los motivos del sacrificio y el renacimiento. Finalmente, está el Eón de Horus, en el que actualmente habita la humanidad.

Thelema caracteriza este Aeon como uno de individualidad y autorrealización, cuando los individuos asumirán la responsabilidad de su propia espiritualidad.

Aunque Crowley inició una comunidad temática en Italia, no tuvo éxito debido a la escasa financiación y la tendencia de Crowley a alienar a los posibles reclutas.

La única sociedad que lleva su estándar, Ordo Templi Orientis, en realidad es anterior al nacimiento de Crowley y, aunque brevemente dirigida por Crowley, lo derrocó mucho antes de su muerte.

. . .

A pesar de las fallas de Crowley. Thelema y Ordo Templi Orientis han florecido desde su muerte e inspirado otros cultos y creencias alternativas incluyendo la Cienciología y la Wicca Gardneriana, la base del movimiento wicca moderno.

Amado y odiado de diversas maneras, el padre del movimiento oculto moderno fue un iconoclasta que dejó un legado largo, aunque algo confuso. Crowley puede caracterizarse mejor como alguien que inspiró otras sectas más que la suya propia.

4

4 Cultos, Diferentes Objetivos

LA MASACRE del Siglo

El 20 de noviembre de 1978 el Departamento de Estado de EEUU confirmaba los hechos y cifraba en 400 el número de muertos.

En San Francisco familiares de los miembros, dominados por el pánico asaltaban las comunas del culto reclamando información sobre el posible fallecimiento de sus hijos o hermanos.

El 28 de noviembre soldados norteamericanos enviados a Guyana descubrían nuevos cadáveresy se notificaba la cifra definitiva de víctimas: 919, entre ellas más de 300 niños. Jim Jones, líder y creador de El Templo del Pueblo se hallaba entre ellas. El reverendo Jim Jones era un hombre delirante, un visionario que se creía mezcla de Cristo y Lenin, el único Dios sobre la Tierra.

La matanza de Guyana fue consecuencia de su locura y su ansia de poder. Pero… ¿se trató de un suicidio colectivo o de una matanza?

El líder del Templo del Pueblo había elegido la costa noreste de Sudamérica para establecerse con sus seguidores. Decidió dejar California porque estaba convencido de la inminencia del estallido de una guerra nuclear. Sólo la remota Guyana saldría indemne de la hecatombe. Por ello fundó allí Jonestown (Pueblo Jones), una granja de 140 hectáreas, acompañado de sus más fervientes seguidores su esposa y su hijo de 19 años.

Sus fieles en Guyana rondaban el millar. El 70 por ciento eran de raza negra, un 25 por ciento blanca, el resto pertenecían a diversas etnias.

. . .

En la comunidad reinaba la armonía racial. Jones predicaba un credo evangélico Pentecostal, leía a Marx y exhibía la Biblia.

La comuna se autoabastecía, sus miembros cultivaban y criaban ganado, fabricaban incluso su propia indumentaria y calzado. Educaban a sus hijos y atendían a enfermos y ancianos. Así pues, ¿qué desencadenó la tragedia? Con su imagen de ídolo pop de la época, Jones lideraba a sus fieles con un socialismo utópico que en los agitados años sesenta no gustaba a la CIA.

Por ello, decidió enviar a Jonestown al congresista norteamericano, Leo Ryan, acompañado de tres reporteros de la NBC, un desertor del culto y once norteamericanos más familiares de los fieles, junto al diplomático Richard Dwyer, de la embajada de Estados Unidos en Guyana. Su solapado objetivo era investigar las actividades de la secta, en concreto los supuestos malos tratos inflingidos a algunos de sus miembros, grabando un informativo en directo.

Nada hacía prever la masacre.

. . .

Jones les recibió con un espectáculo musical que pronto se trocó en tragedia. Acompañado de un selecto grupo de sus fieles les tendió una emboscada en la que varios murieron acribillados o quedaron gravemente heridos.

Este hecho desencadenó el caos. Según los expertos que estudiaron el caso durante años, Jones se percató de que había llegado a una situación sin salida y decidió apelar al "suicidio revolucionario". Explicó a sus fieles que su sociedad había sido destruida, y que era preferible matarse a seguir viviendo. Les aseguró que, de todas formas, se reencontrarían en otra vida, después de una reencarnación. La mayoría de las víctimas murieron al ingerir cianuro potásico mezclado con zumo de uva. Los niños fueron las primeras víctimas.

La muerte por envenenamiento de cianuro es sumamente dolorosa como confirmaba el patólogo forense que cubrió el suceso en 1978, William Eckert, en una entrevista concedida a La Vanguardia por lo que al ingerirlo las víctimas gritaban doloridas. El reverendo Jones, megáfono en mano les increpaba "debéis morir con dignidad".

. . .

Durante un tiempo se divulgó la noticia de que el líder continuaba con vida, pero el FBI lo negó tras analizar sus huellas dactilares. Había muerto de un tiro en la cabeza. Testigos de su muerte afirmaron que murió balbuceando el nombre de su madre. Su esposa se encontraba junto a él. Tenía 47 años.

Su última víctimasería Michael Prokes, ex jefe del gabinete de prensa de la secta. Un año después, tras una rueda de prensa en la que intentaba justificar la masacre, se negó a contestar a un periodista que le interrogaba sobre el asesinato del congresista Ryan y confesó haber formado parte de la "escuadra de la muerte" que sobrevivió al desastre. Se encerró en el baño y se pegó un tiro. Sus últimas palabras fueron desafiantes: 'Los compañeros que se quitaron la vida lo hicieron porque no tenían elección posible y porque no querían permanecer en los infestados "ghettos" de Norteamérica".

El culto OVNI

Heaven's Gate, fundada por Marshall Applewhite y Bonnie Nettles a fines de la década de 1970, mezcló cristología, escatología, ascetismo y ciencia ficción para crear un sistema de creencias basado en la religión que presenta en gran medida elementos de ciencia ficción.

Applewhite y Nettles enseñaron a sus seguidores que la Tierra fue "sembrada" con vida humana por una raza de extraterrestres que existen en un plano intelectual y espiritual trascendente, el Reino de los Cielos. Hace dos mil años, estos alienígenas decidieron que los humanos habían evolucionado hasta el punto en que podrían comprender el intelecto alienígena y la verdad superior.

Entonces Jesucristo fue elegido como el vaso terrenal para ser habitado por un miembro del Reino de los Cielos para que pudiera guiar a los seres humanos iluminados. Applewhite afirmó haber observado la repetición del proceso de iluminación: profesó que su forma humana era la nueva vasija del Reino de los Cielos. "Estoy en la misma posición en la sociedad actual en la que estaba Jesús". Applewood afirmó (en ensayos que distribuyó como material de reclutamiento) que la Tierra y toda la vida en ella estaba a punto de ser "arada", como lo haría un agricultor con un campo de cultivos de cobertura. Dijo Applewhite.

. . .

Solo siguiendo a Applewhite en el camino para unirse a los extraterrestres del Reino de los Cielos, uno podría esperar evitar este inminente Armagedón.

Applewhite concluyó que él y sus seguidores debían suicidarse cuando el cometa Hale-Bop pasó cerca de la tierra en marzo de 1997. Según Applewhite, Hale-Bop era una señal enviada por los extraterrestres para notificarle de la desaparición del mundo. Una vez que las almas humanas fueran liberadas del plano terrestre, Applegate creía que podrían abordar una nave espacial enviada por los extraterrestres. Trágicamente, 38 seguidores creyeron en la profecía de Applegate, siguieron sus órdenes y se quitaron la vida.

Mientras que Jim Jones usó la religión como tapadera para la política, Applewhite tomó prestado de la religión, el pop y la cultura de la ciencia ficción para promover sus sensacionales creencias y quimera.

Aunque Jones y Applewhite estaban dispuestos a seguir sus creencias hasta la muerte, no todos los líderes de las sectas han estado tan comprometidos con sus ideales profesados.

Culto de un limpiador de alfombras

La Iglesia de Comprensión Bíblica (CBU) de Stewart Traill enseñó una versión del cristianismo evangélico mezclado con una sensibilidad bohemia, los miembros sólo comían alimentos naturales y vivían en comunidad. Cuando Traill fundó CBU, apenas nueve años antes, Traill era un limpiador de alfombras autónomo y un ateo franco, afirmó que solo él podía interpretar verdaderamente el significado detrás de la palabra de Dios. Traill y sus seguidores a menudo usaban alfileres con una versión resumida de su discurso para los posibles reclutas: Sea inteligente, ahorre. Este mensaje aparentemente resonó, porque solo unos años después de su fundación en 1971, CBU había crecido a casi 10,000 miembros, con 110 comunas.

Los miembros de CBU diezmaron (una práctica en la que los seguidores donan una parte de sus ingresos a la iglesia). Con esos diezmos, Traill estableció varios negocios que tenía en su congregación, uno de los cuales era una empresa de reparación de aspiradoras falsificada en un episodio de Seinfeld.

· · ·

Las ganancias de los negocios de las iglesias fluyeron hacia el libre impuesto de la iglesia y Traill normalmente solo decidía qué hacer con ellos. Se construyó una enorme mansión en Florida. Cuando surgieron informes sobre las condiciones deficientes de las casas de huérfanos de la iglesia en Haití, las casas de Traill supuestamente gastó $ 2.5 millones por año en el IRS comenzó a investigar si CBU incluso merecía el estado de exención de impuestos.

La Iglesia de la comprensión bíblica comenzó a desmoronarse cuando Traill ya no pudo ocultar la disparidad entre su opulento nivel de vida y las condiciones de pobreza en las que vivían sus seguidores. Para 2015, la membresía en la iglesia había disminuido drásticamente, aunque Traill todavía se beneficia de varios negocios rentables que posee la iglesia.

La interpretación de la doctrina religiosa ha sido el punto de partida para muchas sectas, pero no todos los líderes están tan comprometidos con sus sistemas de creencias como otros.

. . .

Jim Jones usó la religión como una forma de atraer a la gente a sus opiniones políticas radicales y, al final, fue cambiado por su propio enfoque, convirtiéndose en el mesías contra el que se declaró. Marshall Applewhite creía firmemente en la base religiosa de la teología de Heaven's Gate y, aunque sus predicaciones eran ridículamente absurdas, era tan sincero como cualquier líder religioso convencional. Stewart Traill parece ser en gran parte un oportunista que cubre sus motivos materialistas con envoltorios religiosos. Estos hombres, como innumerables antes y después, hicieron un uso estratégico de los textos religiosos y culturales, doblando tanto el verso como el ritual para apoyar su capricho intelectual, espiritual y (en el caso de Traill) financiero.

El culto hippie quintesencial de los Ángeles

James Edward Baker, después de regresar de la Segunda Guerra Mundial como un veterano condecorado, se propuso crear una nueva vida para sí mismo en el Edén de Los Ángeles. Baker buscó la comprensión espiritual a través de creencias alternativas que incluyen Kundalani Yoga, Vedanta y otras filosofías religiosas esotéricas. Baker también era un especialista.

. . .

Su reputación machista y chovinista pronto cultivó un proto-macho.

Mientras estaba en Los Ángeles, se unió a un grupo de personas que se llamaban a sí mismos "The Nature Boys" y defendían una filosofía de vida de acuerdo con las leyes de la naturaleza; las leyes consistían en una dieta vegetariana y ejercicio regular. Baker, en sintonía con los tiempos, abrió varios restaurantes vegetarianos orgánicos en Los Ángeles que atrajeron a celebridades como John Lennon y Marlon Brando. Los negocios fueron un éxito y en el apogeo de su riqueza, Baker informó que ganaba hasta $10,000 por día a principios de la década de 1970.

Finalmente, Baker cambió su nombre por el de Padre Yod, compró una mansión en Hollywood Hills y comenzó a predicar una mezcla de "tradición misteriosa". Invitó en su mayoría a mujeres jóvenes y bonitas a vivir con él en su mansión y llamó a la comuna The Source Family, que lleva el nombre de su primer restaurante. La esposa de Baker, Robin, comentó una vez: "No eres más que un viejo sucio en un viaje de lujuria".

. . .

El padre Yod atraía seguidores por su dinero, las mujeres jóvenes que lo seguían a todas partes y una banda de improvisación psicodélica que formó llamada YaHoWha 13. La banda improvisó principalmente sus composiciones y, a pesar de que solo unos pocos de los miembros tenían mucha experiencia musical, los álbumes se convertían rápidamente en objetos de colección.

En 1974, el padre Yod vendió sus restaurantes y trasladó la comuna a Hawái. En agosto de 1975, a los 55 años, Yod lanzó un ala delta desde lo alto de un acantilado en la costa este de Oahu. Desafortunadamente, Yod no tenía experiencia pilotando un planeador y cayó 400 metros hasta su muerte.

5

Mujeres Líderes en los Cultos

Nirmala Srivastava

Fundó Sahaja Yoga en 1970 mientras estaba en un campamento de meditación en Narjol, India. El campamento fue dirigido por Rajneesh, un maestro espiritual que se enfoca en la meditación dinámica.

Durante el campamento, Nirmala experimentó el Kundalini Primordial y la conciencia espiritual total. Aun así, ella creía que Rajneesh era una falsa guía espiritual y dedicó su vida a oponerse a los falsos gurús, en lugar de predicar sus propias prácticas de meditación.

. . .

Nirmala Srivastava y el Sahara Yoga

Shri Mataji mejor conocida como Nirmala Srivastava ha transformado la vida de millones de seres humanos. Por más de cuarenta años, ella viajó alrededor del mundo, ofreciendo a todas las personas conferencias públicas y gratuitas, así como la experiencia de la autorrealización, sin importar su religión, condición social o circunstancia. No sólo preparó a la gente para que fuera capaz de pasar esta invaluable experiencia a otros, sino también les enseñó la técnica de meditación necesaria para establecerla, conocida como Sahaja Yoga.

Ella sostenía que existe un potencial espiritual innato en cada ser humano y que podía ser despertado de forma espontánea. Enfatizó que este despertar, descrito como autorrealización, no podía ser vendido ni comprado. Se trata de un derecho de nacimiento que todos tenemos. Nunca se ha cobrado por recibir la experiencia de la autorrealización, ni nunca se cobrará.

Tampoco por la enseñanza de la meditación Sahaja Yoga.

Además de Sahaja Yoga, establecido ya en más de 95 países, Shri Mataji fundó también una organización no gubernamental para ayudar a niños y mujeres abandonados, diversas escuelas internacionales que enseñan basadas en un currículum holístico, clínicas de salud que ofrecen tratamiento a través de las técnicas de meditación Sahaja Yoga, así como una academia de artes dedicada a impulsar y revitalizar habilidades en música, danza y pintura.

Madame Blavatsky

También conocida como Helena Blavatsky cofundó la Sociedad Teosófica en 1875 junto con el coronel Henry Steel Olcott y William Quan Judge. La teosofía es una filosofía y una creencia que se centra en la comprensión de las religiones esotéricas, las prácticas paganas y los rituales ocultos. Busca comprender la sabiduría oculta que puede conducir a la iluminación espiritual personal.

La Sociedad Teosófica

· · ·

Su objeto era el estudio y explicación de los fenómenos relacionados con los médiums y el espiritismo, junto al estudio metódico del ocultismo oriental y las religiones comparadas. Todo este programa estaría enmarcado en un objetivo fundamental, que sería el de fomentar la relación fraternal en toda la humanidad.

La enseñanza básica de esta organización consiste en que todas las religiones tienen una «verdad en común» que se encuentra en la esencia de cada una de ellas. Su fundadora, Helena Petrovna Blavatsky, construye una doctrina basada en las enseñanzas de sus "maestros", los cuales son seres evolucionados que tienen como meta la evolución de la humanidad. Los líderes de la Sociedad Teosófica creían que ellos se encontraban bajo la supervisión directa de estos "maestros", pertenecientes a la Logia Blanca.[3] La Sociedad Teosófica tiene una ideología ecléctica y pretende unificar la ciencia, la filosofía y la religión en una doctrina denominada "secreta", pero a la vez al alcance de quienes estén dispuestos a desvelarla.

Después de que murieran Blavatsky y Olcott, la organización siguió bajo la dirección de Annie Besant y pudo prosperar luego de graves acusaciones de charlatanería por parte de sus miembros fundadores.

Un miembro de la sociedad, Charles Webster Leadbeater, encontró en las playas de la India a un niño hindú llamado Jidhu Krishnamurti, a quien consideraba «próxima encarnación de un "instructor del mundo".

Annie Besant creó entonces la Orden de la Estrella de Oriente, con la finalidad de preparar meticulosamente al joven para su "misión mundial". Sin embargo, J. Krishnamurti abandonó la Sociedad Teosófica.

La Sociedad Teosófica tiene en la actualidad su sede central en Adyar, al sur de la ciudad india de Chennai, antigua Madrás, en el estado de Tamil Nadu. Cada sección nacional de la Sociedad tendría una administración autónoma. Su figura legal es la de una asociación civil sin fines de lucro. La Sociedad se sostiene económicamente con una cuota abonada por los socios (miembros), además de otras actividades como la venta de libros o la realización de algunos cursos de pago. Sus miembros se reúnen regularmente en grupos de estudios e investigación denominados "Ramas" o "Logias".

Clementine Barnabet

En 1912 Barnabet, quien tenía 18 años, confesó haber matado a casi 201 personas como parte de un grupo religioso llamado Iglesia del Sacrificio. Ella creía que la salvación solo se lograba a través del sacrificio humano, aunque sus motivos también pueden haber estado orientados a lo material ya que muchas de sus víctimas fueron robadas y asesinadas.

Los Asesinatos de Clementine Barnabet

A los 17 años, Barnabet se unió a un culto llamado Iglesia del Sacrificio que provocó el inicio de los asesinatos que ella cometió.

Los asesinatos de Barnabet siguieron un patrón consistente: a menudo asesinaba a familias enteras en lugar de a una persona, usando un hacha para matar a sus víctimas y cortarles la cabeza. Una vez que había masacrado a toda la familia, Barnabet acostaba sus cuerpos en la cama y los dejaba como tal. Los asesinatos ocurrieron entre Lafayette y Texas.

El primer asesinato de Barnabet ocurrió en febrero de 1911, siendo las víctimas Walter y Sylvania Byers y su hijo pequeño. Más tarde ese mismo mes, los padres y dos hijos de la familia Andrus fueron asesinados de la misma manera. En la investigación que siguió, el primer sospechoso de las autoridades fue Raymond, el padre de Barnabet.

La familia Barnabet testificó contra Raymond al contarle que salió de la ciudad esa noche por razones desconocidas y regresó tarde a casa con sangre y materia cerebral en sus zapatos y camisa. Zepherin declaró que cuando regresó a casa, Raymond se jactaba de los asesinatos que había cometido y dijo que las víctimas lo merecían.

Mientras Raymond Barnabet estaba en espera de juicio, tuvo lugar otro familicidio. En noviembre de 1911, Norbert y Asima Randall y sus cuatro hijos fueron asesinados de manera similar a los asesinatos anteriores. Esto llevó a las autoridades a considerar a otro sospechoso. La policía decidió investigar a Clementine Barnabet.

. . .

En la residencia Barnabet, se encontró un traje de hombre cubierto de sangre y materia cerebral en el armario de Clementine Barnabet. Esto llevó a la policía a arrestar a Barnabet como principal sospechosa, junto con su padre, de los numerosos asesinatos cometidos en el área. Cuando fue arrestado inicialmente, Clementine negó todas las conexiones con los asesinatos.

Sin embargo, eventualmente Barnabet confesó 35 asesinatos. Explicó su conexión con la Iglesia del Sacrificio, una rama de la congregación de la Santa Iglesia Santificada de Cristo en Lake Charles, Louisiana. Clementine afirmó que una sacerdotisa de la Iglesia del Sacrificio les había dado a ella y a sus amigas "bolsas conjuradas" que les otorgarían poderes sobrenaturales y los haría indetectables para las autoridades. Esto estimuló a Barnabet a cometer su primer asesinato para probar si esto era cierto o no.

Con solo 18 años, en octubre de 1912, Clementine Barnabet fue sentenciada a cadena perpetua en la Penitenciaría Estatal de Angola. En julio de 1913, intentó escapar de la cárcel, pero fue atrapada. Sin embargo, en agosto de 1923, Barnabet salió de la cárcel, luego de lo cual no se conoce su paradero.

Silvia Meraz

Ella y su familia adoraron a La Santa Muerte, una santa mexicana. Meraz y los integrantes de su culto desmembraban los cuerpos y los colocaban en el altar del santo para el sacrificio. Meraz creía que el sacrificio ritual le otorgaría riqueza y protección contra el mal.

El culto de Nacozari

Silvia Meraz Moreno es una asesina serial y líder sectaria mexicana condenada por el asesinato de tres personas entre el 2009 y el 2010, en Nacozari, Sonora.

Los asesinatos se dieron en medio de sacrificios rituales a la Santa Muerte.

Silvia Meraz nació en Hermosillo, Sonora; su familia vivía en una zona marginada del municipio de Nacozari de García en Sonora, vivían en condiciones de pobreza.

. . .

Quedó embarazada a temprana edad, dando a luz a su primer hijo, Ramón Omar Palacios Meraz, a la edad de 16 años.

Posteriormente engendraría junto con su primer esposo, Martín Barrón López, a tres hijos más: Iván Martín, Francisca Magdalena y Georgina Guadalupe Barrón Meraz. Tuvo una última hija a los 29 años de edad, llamada Silvia Yahaira, de la cual no se conocen sus apellidos. Para el momento de los asesinatos Silvia mantenía una relación de concubinato con un hombre 5 años menor que ella, Eduardo Sánchez Urrieta, él tenía un hijo menor de edad, Martín Ríos Sánchez Urrieta, producto de una relación previa.

En algún punto, Meraz Moreno se convenció de que podría conseguir favores económicos si ofrecía sacrificios humanos a la Santa Muerte. Motivada por estas ideas delirantes convenció a ocho miembros de su familia a realizar estos sacrificios humanos. Entre los que se encontraban cuatro de sus cinco hijos: Ramón Omar, Francisca Magdalena, Georgina Guadalupe y Silvia Yahaira de tan sólo 15 años de edad, su padre Cipriano Meraz, su concubino Eduardo Sánchez y otra mujer Zoyla Hada Santacruz Iriqui.

La primera víctima del culto fue una mujer de 55 años llamada Cleotilde Romero Pacheco, quien era amiga de la asesina. Cleotilde Romero no contaba con familiares cercanos, era vecina de la localidad quien se dedicaba a vender paletas de hielo, fue asesinada por la propia Silvia en diciembre 2009. Silvia Meraz con engaños la llevó a un paraje desolado donde la atacó con una hacha, de acuerdo a la reconstrucción de hechos Silvia Meraz indicó que le habría dicho que "recogiera un billete de 20 pesos" del suelo, cuando se agacho la hirió con una hacha a la altura del cuello. Habría "ofrendando" la sangre de la víctima en el monte para así obtener "protección" por parte de la Santa Muerte durante "un tiempo", quemó y enterró el cadáver decapitado cerca de la casa familiar.

La segunda víctima fue Martín Ríos Chaparro o Sánchez-Urieta, de 10 años de edad, hijo biológico de Eduardo Sánchez e hijo adoptivo de Silvia Meraz. Fue asesinado en junio 2010. En la reconstrucción de los hechos Silvia relató que emborrachó al niño, y fue su hija menor, para ese momento de tan solo 13 años de edad, quien apuñaló al menor en 30 ocasiones. Aún con vida lo degollaron y esparcieron su sangre alrededor del altar.

. . .

La última de las víctimas fue Jesús Octavio Martínez Yáñez, otro niño de 10 años de edad, hijo adoptivo de Iván Martín Barrón Meraz, también hijo de Silvia, por lo tanto, su nieto. Él fue asesinado en julio 2010, fue reportado como desaparecido por su madre y su novio.

En este crimen Silvia sostuvo al niño en frente del altar mientras una de sus hijas lo degollaba. De acuerdo a declaraciones de la propia fiscalía en este crimen tres niños de 5, 2 y 1 año habrían estado inmiscuidos de alguna forma, al menos siendo testigos del homicidio.

Según las declaraciones de una de sus hijas mayores y de Zoyla Santacruz, Silvia las tenía "amenazadas" de muerte para que participaran en los crímenes.

Las pesquisas comenzaron una vez que se presentó la denuncia por la desaparición de Jesús Martínez.

Después de cerca de 2 años de investigación se logró asociar a la familia de Meraz con este crimen, siendo encontrado el cadáver de Martínez debajo del suelo de la recámara de la hija menor de Silvia Meraz.

Los otros dos cuerpos fueron encontrados en una área despoblada de 100 m2 que se encuentra en el noreste de la ciudad de Nacozari y es aledaña a la casa de Silvia. Los peritos forenses encontraron a su vez rastro de sangre de las 2 últimas víctimas en un radio de 30 m alrededor del altar dedicado a la Santa Muerte.

Silvia Meraz y los otros 7 implicados fueron detenidos en marzo 2012, Silvia fue encarcelada en el Centro de Rehabilitación Social del Estado donde deberá pasar una pena acumulada de 180 años de prisión, el resto de los integrantes de culto mayores de edad fueron condenados a 60 años de prisión, mientras que la hija menor de 15 años fue puesta a la disposición del Instituto de Aplicación de Medidas a Menores. Según las valoraciones psicológicos efectuados en la adolescente siendo testigo y participe del culto desde temprana edad, las prácticas de éste le parecían "normales".

Mary Eddy

Fundó la Ciencia Cristiana, es un sistema de creencias religiosas y espirituales, considerada una rama metafísica del cristianismo que enseña que la enfermedad y el pecado son ilusiones curadas o eliminadas por la oración. Además, según la fe de Eddy, la realidad es puramente espiritual y el mundo material en sí mismo es una ilusión. La ciencia cristiana no postula, sino que enseña de manera doctrinaria, entre otras cosas, que la materia es irreal, ya que no fue creada por Dios.

El Caso de Mary Eddy

Mary Baker Eddy se consideraba a sí misma una pionera espiritual cuya obra abarcaba las disciplinas de la ciencia, la teología y la medicina.

Ella fue una estudiante de la Biblia toda su vida, y en 1866, obtuvo un poderoso discernimiento espiritual, cuando después de leer las curaciones de Jesús, experimentó una notable recuperación de un accidente que había puesto en riesgo su vida. A partir de ese momento crucial, se esforzó por comprender cómo se había sanado. Volvió a recurrir a la Biblia y a la oración para obtener respuestas.

. . .

Entendió claramente que la curación espiritual se basaba en las leyes divinas de Dios, el Espíritu, y que cualquiera podía aplicar estas leyes para sanar todo tipo de sufrimiento humano y pecado.

Desde este punto de vista, la curación espiritual no era milagrosa, sino una consecuencia de la comprensión de la omnipotencia y el amor de Dios, que son tan reales y demostrables hoy como en tiempos bíblicos. Durante las siguientes cuatro décadas, Mary Baker Eddy se dedicó a practicar, enseñar y compartir esta Ciencia del Cristianismo sanadora.

A medida que era conocida como sanadora cristiana, la llamaban con frecuencia para que sanara casos desahuciados por los médicos. Una vez le pidieron que visitara a una paciente a quien un conocido médico le había diagnosticado que se estaba muriendo de neumonía.

Ella escribió: "Al ver que yo la había restablecido instantáneamente sin ayuda material, me preguntó con profundo interés si tenía alguna obra que describiera mi sistema de curación... me instó a que escribiera de inmediato un libro que explicara al mundo mi método metafísico de curación"

En esa época ella ya estaba redactando notas que más tarde se convertirían en su obra principal, Ciencia y Salud con la Llave de las Escrituras, un libro que contiene la explicación completa de la Ciencia Cristiana y su fundamento bíblico de la curación espiritual.

Durante más de un siglo los lectores han relatado cómo la lectura y el estudio de este libro les han dado una percepción espiritual de la Biblia y de su relación inalterable con Dios. Este nuevo discernimiento resultó en curación física y regeneración moral que han transformado sus vidas.

Dicho esto, aquí tenemos un testimonio de una mujer llamada Pamela Hazer, era una estudiante de la Ciencia Cristiana cuando pasó por una situación terrible y decidió apoyarse de lo que estaba aprendiendo. Ella cuenta su historia así:

. . .

"Mis hijos eran pequeños cuando empecé a tener síntomas alarmantes. Aunque era estudiante de la Ciencia Cristiana, me sentía tan abrumada por el temor, que mis oraciones para sanar no eran constantes, así que decidí obtener un diagnóstico médico.

Después de hacerme los exámenes, los médicos me informaron que tenía cáncer cervical. Como la primera esposa de mi marido había fallecido debido a esta misma enfermedad, sentí que mi vida se había acabado, y caí en una profunda y abrumadora depresión.

Los doctores me hicieron pasar muy rápidamente por los procedimientos médicos iniciales de cirugía, debido al temor que sentían. Después me dijeron que el cáncer se había extendido. Aunque insistieron en que la radiación y la quimioterapia eran necesarias, nunca dijeron que esperaban que esos tratamientos me sanarían. Me hicieron radiación durante seis semanas; luego recibí una llamada telefónica instándome a que comenzara cuanto antes con la quimioterapia.

. . .

Recordé palabras que Mary Eddy había escrito y me di cuenta de que mi vida, como yo la conocía, se había acabado, y que debía embarcarme en una nueva vida, y una nueva forma de pensar. Esto quería decir eliminar los pensamientos viejos y pasados de moda basados en un sentido material de mí misma, y alinear mi pensamiento con lo que Dios sabe acerca de mí por ser Su hija.

Empecé a dejar atrás todos los miedos y pensamientos que estaba teniendo y me puse a pensar en cómo estaba siendo mi vida, creía que todo en mi vida tenía que ser humanamente perfecto, de lo contrario, daría una mala impresión de mí. Me exigía demasiado a mi misma y eso era una carga terrible. Los médicos me buscaban, pero decidí terminar con el tratamiento. Sentía con todo mi corazón que Dios me amaba y quería solo lo mejor para mí, y el cáncer ciertamente no entraba en la categoría de lo "mejor". Sabía que, si tan solo lograba superar el temor a morir, sanaría.

Unos seis meses después de dejar el tratamiento médico, enfermé gravemente. Mi esposo decidió llevarme al hospital, algo a lo que yo no accedí, pero estaba casi inconsciente.

Después de unos días, decidí que era momento de regresar a casa y seguir con lo que yo creía. Para este momento ya me sentía demasiado cansada, pero empecé a dar gracias a Dios a cada momento del día y de la noche. Simplemente permití que la gratitud y las acciones de gracia permearan mis pensamientos.

Llegue a los dos años de estar con esta enfermedad, ya estaba muy cansada. Entonces decidí cerrar los ojos y simplemente entregarme a Dios. Yo sabía que la curación que necesitaba era un cambio de pensamiento, y que no necesitaba buscar ayuda afuera. Al mantener mi pensamiento centrado en el amor que Dios siente por mí, tuve la sensación de que un velo tocaba suavemente mi rostro. En ese momento comprendí que Dios es totalmente bueno y nos da paz, no sufrimiento; salud no enfermedad; abundancia, no escasez; y amor, no temor. Lágrimas de gratitud rodaron por mis mejillas. Cada parte de mi ser se sintió liberada. En dos o tres semanas, mi fuerza y apetito volvieron a la normalidad. Me sentía totalmente bien, y desde entonces no he tenido señales de la enfermedad.

Hoy, 16 años después, considero que esta curación de cáncer fue un hito en mi vida.

La gratitud me dio la altura espiritual que necesitaba para superar el temor. Lo que ocurre es que no podemos concentrarnos en el temor y en la gratitud por el amor de Dios, al mismo tiempo. Dios es Amor."

Aimee Elizabeth Kennedy

Era una evangelista activa a principios del siglo XX, fue una predicadora infamemente popular de su época.

Fue pionera en el uso de los medios de comunicación y el espectáculo para llegar a una audiencia más amplia y se le atribuye haber influido en muchos de los sanadores de fe televisivos que la siguieron. Ella fundó la Iglesia Cuadrangular en 1923 y aumentó su membresía a casi 8 millones de personas.

La Predicadora Estrella

Aimee Elizabeth Kennedy nació en una granja en Ontario, Canadá, en 1890.

. . .

De joven conoció a un predicador pentecostal irlandés llamado Robert Semple con quien terminó casándose.

Al poco tiempo emprendieron un viaje como misioneros a Hong Kong, que culminó en desastre. Ambos contrajeron malaria y su esposo murió, dejándola embarazada. Cuando regresó a Estados Unidos Aimee era otra mujer. Sintió una necesidad de predicar y recorrer el país llevando el evangelio.

Luego contrajo matrimonio nuevamente, pero esa unión con Harold McPherson no duró mucho. La ascendente fama de Aimee fue demasiado para él. Divorciada y con un creciente grupo de seguidores, en 1923 decidió construir una sede permanente para su movimiento religioso en el vecindario Echo Park, en Los Ángeles.

La iglesia, llamada Angelus Temple, tenía un escenario en el centro. "Contrataba actores, los mejores diseñadores de la ciudad, los mejores vestuaristas, maquilladores y técnicos de iluminación para montar impactantes producciones dramáticas", relata el biógrafo. La biblia cobraba vida frente a los asistentes.

Ella podía llegar un día y decirle al equipo de construcción: "quiero un caballo de Troya de seis metros de alto, que sea hueco por dentro. O quiero un barco gigante que tenga cañones y que salga humo de ellos".

Fue entonces cuando comenzó a buscar consejo de Charlie Chaplin sobre producciones artísticas. Con los años, la predicadora y la estrella de Hollywood desarrollarían una inusual amistad. Luego compró una estación de radio para llegar hasta las casas de sus oyentes. La multitud que asistía a la iglesia era tan grande que la fila para entrar daba vuelta a la cuadra.

En plena cúspide de su popularidad, sobrevino uno de los episodios más extraordinarios de la vida de Aimee. El 18 de mayo de 1926 la predicadora fue en compañía de su asistente a la playa Venice, en Los Ángeles, para nadar y escribir un sermón.

La asistente la dejó un momento para hacer una llamada telefónica en un hotel cercano. A su regreso Aimee ya no estaba.

. . .

Cuando llegó la noche y no había señales de su paradero, muchos de sus seguidores se abalanzaron a la playa para unirse a los desesperados equipos de búsqueda. En el operativo se ahogó un hombre que nadó mar adentro al confundir el cuerpo de dos focas muertas con el de Aimee.

Con los días la incertidumbre generó un estado de histeria. Un periódico local incluso llegó a especular que un monstruo marino había sido visto en los alrededores de la playa.

Algunos pensaron que había sido ese monstruo el responsable de la desaparición. Durante cinco semanas los periódicos compitieron entre sí con diversas teorías para explicar la situación. La gente comenzó a resignarse, y a creer que eventualmente McPherson resucitaría milagrosamente.

Y en efecto, un día de junio Aimee apareció de la manera menos esperada. Se encontraba en un pequeño pueblo de Agua Prieta, en la frontera entre el estado de Arizona y México. La historia que contó fue justo lo que los medios hubiesen querido escuchar.

"Dijo que había estado caminando durante horas luego de escapar de un pequeño cobertizo donde tres hombres la habían mantenido cautiva", relata Kim Cooper, una seguidora de Aimee.

Aimee resaltó que estando en la playa se le acercaron tres hombres para pedirle que sanara a un niño. Ella los acompañó hasta el vehículo donde supuestamente se encontraba el pequeño. "Cuando se inclinó dentro del auto para ver al niño la empujaron y la durmieron con cloroformo", relata Cooper. Sin embargo, no todo el mundo apoyó esta versión. Para algunos, la predicadora se escapó con su ingeniero de sonido, Kenneth Ormiston, quien estaba casado y desapareció al mismo tiempo que ella. "Creemos que huyó con él, y luego de un mes viendo todo el revuelo que se había originado, decidió preparar una dramática reaparición. El secuestro fue la mejor idea que se le pudo ocurrir en ese momento".

Hoy en día sus seguidores dicen que esos escándalos opacan una trayectoria importante, en particular apoyando a más de 1,5 millones de personas con comida y ropa durante la Gran Depresión.

. . .

Para Jane Shaw, profesora de estudios religiosos en la Universidad de Stanford, el principal legado de McPherson es "combinar una religión conservadora con un medio de comunicación moderno". Su influencia, a través de la emisora de radio, sirvió de referencia para los modernos teleevangelistas en Estados Unidos.

Aimee murió el 27 de septiembre de 1944. Su cuerpo fue encontrado en un cuarto de hotel en Oakland, California, luego de participar en un servicio religioso.

Tenía 53 años y por mucho tiempo había sufrido de insomnio. En su organismo encontraron una alta dosis de sedantes. Sus seguidores, siempre han rechazado la idea del suicidio.

Los 6 Cultos Menos Conocidos

El culto del Fin del Mundo

Roch Thériault dirigió un pequeño culto en Ontario, Canadá, entre 1977 y 1989, ejerciendo un control absoluto sobre una docena de adultos y al menos 26 niños, la mayoría de los cuales se había engendrado con sus nueve concubinas.

Antes de ser expulsado de los Adventistas del Séptimo Día, Thériault había acumulado seguidores organizando seminarios de desintoxicación para personas que intentaban dejar de fumar o beber.

. . .

Convenció a varios de ellos para que dejaran sus trabajos y dejaran a sus familias para vivir con él en el desierto, llamándolos los Niños de Ant Hill por lo mucho que les exigía que trabajaran, y cuando digo demanda, me refiero a que los obligó a romper su propias piernas con mazos si se negaban.

Aunque no pudo predecir el fin del mundo en 1979, Thériault se convirtió con éxito en un líder de culto sádico, exigiendo lealtad absoluta y castigando a los detractores y escépticos. Clavaba a los niños a los árboles, hacía que sus seguidores comieran sus propias heces, y cuando se enojaba, los desnudaba y los golpeaba, les arrancaba los pelos uno por uno y muchas otras formas de abuso. También se negó a llevar a nadie al médico, y en su lugar realizó cirugías él mismo (sin anestesia), lo que resultó en la muerte de una mujer por extraerle los intestinos. También mató a un niño durante una circuncisión fallida, y uno más murió después de ser dejado afuera durante una tormenta de nieve como castigo.

No fue hasta 1989 que Gabrielle Lavallée, después de haber sido brutalmente mutilada por Thériault en más de una ocasión, finalmente escapó y se puso en contacto con las autoridades. Thériault fue condenado a cadena perpetua, pero su compañero de celda lo mató en 2011. Sin embargo, una buena parte de sus seguidores nunca se recuperó de su abuso y han continuado obedeciendo sus enseñanzas.

Los Discípulos de Satán

En 1991, un carny viajero llamado William Ault descubrió que un par de sus compañeros de trabajo estaban involucrados en un culto llamado "Los discípulos de Satán" y él quería entrar. El único problema era que Mark Goodwin, Jimmie Penick y los hermanos Keith y David Lawrence no lo querían en su club. Ault, que no quería renunciar a ser uno de los discípulos de Satanás, decidió chantajear al grupo con su conocimiento de que Penick y Keith Lawrence habían matado a un chico de 18 años a principios de ese año. Solo que en realidad no funcionó en el grupo.

Los cinco miembros de Los Discípulos de Satán llevaron a Auld a un área apartada, le dijeron que se tumbara en un altar improvisado y luego procedieron a mutilarlo y torturarlo.

Después de atar y amordazar a Auld, el grupo invocó a Satanás antes de cortarle el cuerpo con una cruz invertida y matarlo. Luego le cortaron la cabeza y las manos, luego intentaron quemarlo; cuando eso falló, arrojaron su cuerpo en un campo. El padre de Goodwin encontró el cuerpo, le dijo a la policía, y el culto fue arrestado poco después, cumpliendo entre ocho y 60 años por sus crímenes.

Kashi Ashram

En la década de 1970, una ama de casa de Nueva York tuvo visiones de Jesús y dos guías espirituales hindúes, se dio un nuevo nombre y comenzó su propia religión.

Ma Jaya Sati Bhagavati fue la fundadora de Kashi Ashram, un grupo espiritual que se hizo famoso en la década de 1990 y principios de la de 2000, y fue amado por celebridades como Julia Roberts. La religión prometía bondad y compasión, pero los ex miembros acusaron a Ma Jaya de convertirse en una deidad y les dijo a sus seguidores: "El gurú es más grande que Dios".

. . .

Según una investigación, decenas de ex residentes de Kashi acusaron a Ma Jaya y el movimiento de abuso físico, control psicológico, secuestro y agresión sexual.

En su mayoría, incluían palizas, ya sea realizadas por la propia Ma Jaya u ordenando a otra persona que lo hiciera. En un momento dado, según los informes, castigó a un niño al que un miembro había abusado abusando de él, luego le pintó el pene de negro y lo hizo desfilar por los terrenos de su complejo.

Ma Jaya también estaba obsesionada con los niños, posiblemente como resultado de varios abortos espontáneos con su segundo marido. Los ex miembros informaron que tuvieron que pedirle permiso a Ma Jaya para tener hijos, y algunos de ellos fueron obligados a entregarle sus bebés para que los entrenara. Al menos cuatro madres entre 1978 y 1982 incluyeron a Ma Jaya o su esposo como padres biológicos en los certificados de nacimiento de sus hijos. Pero la peor ofensa tuvo que ser cuando Ma Jaya obligó a su hija de 14 años a casarse con un miembro adulto de la iglesia, ordenándole que tuviera relaciones sexuales con él y luego verificando si estaba embarazada.

. . .

Es posible que Ma Jaya haya muerto en 2012, pero su legado no. Kashi Ashram todavía existe hasta el día de hoy. La gente que aun pertenece a su comunidad y que creen en ella, están haciendo cosas para que su legado siga vivo. El ashram ha abierto los terrenos para retiros a grupos externos que comparten el compromiso de Ma Jaya y Kashi de servir a los demás. Hay conferenciantes motivacionales, programas diseñados para veteranos que sufren estrés postraumático y clases de yoga y artes curativas que utilizan las instalaciones recién renovadas. Tras la muerte de Ma Jaya, se formó un comité de miembros de la comunidad de Kashi para revisar y publicar parte del material escrito que dejó la líder espiritual, de esta manera poder seguir compartiendo todo lo que hizo.

Las Prostitutas del Diablo

La primera víctima fue Donna Levesque, de Fall River, cuyo cuerpo mutilado fue descubierto el 13 de octubre de 1979. Entre los testigos de ese asesinato ritual se encontraban las prostitutas Karen Marsden, de 20 años, y Robin Murphy, de 18.

. . .

Mientras que Murphy fue capaz de tolerar la violencia sádica pasando gradualmente del papel de observadora al de participante, Marsden sintió repulsión y trató de zafarse del control de Drew.

El 8 de febrero de 1980, fue sacrificada en una reunión del culto en las afueras de Westport, torturada arrancándole el pelo y las uñas, y golpeada en la cabeza con piedras antes de que Drew le rompiera el cuello manualmente. Insatisfecho, el proxeneta convenció a Robin Murphy para que cortara la garganta de Marsden, tras lo cual le quitó la cabeza y los miembros de la secta la patearon como si fuera un balón de fútbol. Le cortaron los dedos a Marsden para robarle los anillos, y Drew terminó de violar el cadáver sin cabeza, grabando una "X" en el pecho y manchando la frente de Murphy con la sangre de Marsden.

El 13 de abril de 1980 se encontraron en el bosque fragmentos del cráneo de Marsden y restos de su ropa.

No ha aparecido ningún otro rastro de su cuerpo, pero las autoridades identificaron los escasos restos comparando los fragmentos de hueso con las radiografías del cráneo tomadas en 1978, cuando la víctima fue tratada por una dolencia en los senos nasales.

Para entonces, Robin Murphy ya se había derrumbado bajo la presión de ocultar dos asesinatos, y señaló a Carl Drew como el asesino. Declarándose culpable de su papel en el sacrificio de Marsden, Murphy aceptó una sentencia de cadena perpetua y accedió a testificar para el estado, contra Drew.

El juicio del satanista de 26 años comenzó el 2 de marzo de 1981, y fue acusado del asesinato de Donna Levesque al día siguiente. Mientras tanto, su nombre también había sido mencionado en el proceso judicial contra Andre Maltais, de 43 años, condenado por el asesinato de la prostituta Barbara Raposa, de 19 años, en noviembre de 1979, y Drew era sospechoso, pero nunca fue juzgado por un segundo asesinato en Fall River. Declarado culpable del asesinato de Marsden el 13 de marzo, Drew fue condenado a cadena perpetua.

En 1982, su condena por agredir a otra prostituta con un arma mortal añadió diez años a su condena de prisión.

Alineamiento Universal Superior

Valentina De Andrade fue la líder de un culto ovni de la década de 1980 llamado Alineamiento Universal Superior en una parte remota de Brasil. Ella afirmó recibir mensajes de extraterrestres de que Dios no existía; más bien, Jesús era un extraterrestre e iba a enviar una nave espacial para salvar a los verdaderos creyentes del Fin de los Tiempos. Sin embargo, sus creencias proféticas venían con una advertencia: todos los niños nacidos después de 1981 estaban poseídos por el mal y tuvieron que ser purgados.

Al principio, De Andrade simplemente exigió que algunas parejas entreguen a sus hijos a otras parejas, abuelos u otros tutores para que califiquen para irse en su nave espacial. Sin embargo, eso no fue suficiente y las cosas se volvieron violentas. Se cree que entre 1989 y 1993 miembros de Alineación Universal Superior agredieron, mutilaron o mataron sexualmente al menos a 19 niños de entre 8 y 13 años. Seis de ellos murieron y cinco nunca fueron encontrados, mientras que el resto escaparon, aunque algunos habían sido drogados o mutilados.

. . .

La policía brasileña tardó 11 años en reunir pruebas suficientes para llevar a juicio a De Andrade, junto con cuatro miembros masculinos de su culto, muchos de los cuales eran ciudadanos prominentes de su remota comunidad amazónica. Si bien los cuatro hombres relacionados con los asesinatos de los niños fueron condenados a décadas de prisión, De Andrade fue absuelto de todos los cargos ... porque no estaba en el área cuando se cometieron los crímenes. Y, curiosamente, el Alineamiento Universal Superior De Andrade todavía tiene una presencia activa en línea.

JEVAMMARCUSPIRE

En 2004, Marcus Wesson, de 57 años, salió de su casa en Fresno, cubierto de sangre, y la policía supo que algo había salido terriblemente mal. Apilados en la parte trasera de la casa estaban los cuerpos de nueve de sus hijos, rodeados de ataúdes antiguos.

Durante décadas, Wesson había cultivado y controlado una familia de seguidores incestuosos mediante la manipulación y el abuso físico.

. . .

Siguió su propia práctica espiritual que combinaba el cristianismo y el vampirismo, creyendo que Jesucristo era en realidad un vampiro, y que el Fin de los Tiempos estaría sobre ellos cuando un oficial de policía llegara a su puerta.

Wesson mantuvo a sus hijos separados de sus hijas y se negó a permitir que socializaran entre ellos, por temor a que desarrollaran sentimientos sexuales el uno por el otro. Esto se debe principalmente a que se consideraba un Mesías, y todas sus hijas eran sus futuras esposas.

Wesson comenzó a casarse con sus hijas en 1974, abusando sexualmente de ellas cuando eran niñas para que pudieran tener aún más hijos para él. Se cree que tuvo unos 18 hijos a través de siete mujeres, cinco de las cuales eran niñas en ese momento.

Después de que Wesson declaró que planeaba trasladar a sus hijas y sus hijos al estado de Washington, varios miembros de su familia extendida (junto con dos sobrinas que se habían rebelado contra él) se presentaron en su complejo y exigieron que liberara a los niños.

Se llamó a la policía, creyendo que era una batalla por la custodia estándar, pero pronto se volvió mortal. Wesson fue declarado culpable de nueve cargos de asesinato y varios cargos de violación y agresión sexual.

Marcus Wesson fue condenado a pena de muerte el 29 de junio del 2005.

7

El Movimiento Raeliano, La Cienciología Y Los Hijos De Dios

MOVIMIENTO RAELIANO

El Movimiento Raeliano Internacional es una religión de las denominadas "Ovni", porque según ellos explican, unos seres extraterrestres muy avanzados científicamente, llamados Elohim, habrían creado toda la vida sobre la Tierra mediante ingeniería genética. Según la enseñanza raeliana, una combinación entre la clonación humana y la "transferencia mental" podría, en última instancia, proveer a los humanos del don de la inmortalidad.

La religión nace después que Claude Vorilhon más conocido como Rael, (nacido en Francia en 1946) hijo de Colette Vorilhon, dijo haber sido contactado por seres extraterrestres. Según Rael durante su encuentro con el Elohá (singular de Elohim) recibió un mensaje que afirma que éstos enviaron a todos los profetas que establecieron el origen de las principales religiones (Abraham, Buda, Jesús, Mahoma, etc). El Movimiento Raeliano tiene como objetivo reunir dinero para construir una Embajada, de preferencia en Jerusalén, para recibir oficialmente a los Elohim en la Tierra.

Claude Vorilhón afirma que ha experimentado dos encuentros con alienígenas, los cuales inspiraron su ideología.

El primero de estos contactos habría ocurrido al anochecer del 13 de diciembre de 1973. Vorilhón afirma que estaba paseando cuando vio un ovni (objeto volador no identificado) que aterrizaba suavemente. De la nave salió un ser extraterrestre, y le dijo (en francés) que tenía que ir a reunirse con él para darle un mensaje, y que la misión de Vorilhón consistiría en dar a conocer este mensaje a la gente de todo el mundo.

. . .

Recibió el nombre profético de Rael, cuyo significado sería 'mensajero'. Sus reuniones con el ser extraterrestre duraron cinco días, y están descritas en su primer libro "Le livre qui dit la vérité" (el libro que dice la verdad), en el cual afirma que todas las formas de vida de la Tierra fueron creadas por los elohim con la ayuda de un grupo de expertos en genética y 25 000 años de avances científicos; todos los profetas que han pasado por el mundo han sido enviados por los elohim, según él sus mensajes han sido malentendidos y despreciados por los humanos.

El 7 de octubre de 1975 dijo que había vuelto a contactar con los elohim, los cuales le llevaron a su planeta. Allí dijo haber encontrado a Moisés, Buda, Jesús y Mahoma, y recibió las enseñanzas que están recogidas en su segundo libro, Les extraterrestres "m'ont emmené sur leur planète" (Los extraterrestres me llevaron a su planeta). Vorilhón afirma que descubrió a unos maravillosos, armoniosos y pacíficos seres que le enseñaron una filosofía basada en el placer, el amor, la sabiduría y la consciencia.

Los Raelianos consideran la homosexualidad como una condición natural del ser humano y son activistas por los derechos de la comunidad LGBT (Lesbianas, Gays, Bisexuales y Transexuales) participando en las marchas de orgullo gay en todo el mundo. Rael afirma que "la Homosexualidad es genética" y fundó en el 2004 la organización sin fines de lucro "ARAMIS INTERNATIONAL" (Asociación Raeliana de las Minorías Sexuales) con el objetivo de que las personas puedan desarrollarse sin culpabilidades expresando su real identidad sexual.

Los Raelianos debido a su libertad sexual responsable y consentida entre dos o más adultos, muchas veces son blanco de acusaciones sexuales, como, por ejemplo, la acusación sobre la pedofilia. El Movimiento Raeliano es claro al afirmar que la pedofilia es una enfermedad mental, y pone en atención el suceso en el mundo gracias a Nopedo, una organización sin fines de lucro que tiene por misión poner en alerta a los padres para cuidar a sus hijos de los sacerdotes pedófilos. El Movimiento Raeliano tiene una política estricta de no solo expulsar inmediatamente a cualquier miembro que se sospeche de ser pedófilo o que tenga actividades sexuales con menores de edad, sino también de reportarlo inmediatamente a las autoridades.

. . .

La Cienciología

Elaborada en el último mes del año de 1953 por el autor de Estados Unidos de ciencia ficción Ronald Hubbard, se define en su página web como una totalmente nueva creencia basada en "el análisis y funcionamiento del espíritu relacionadas consigo mismo, los mundos y otros seres vivos". El término Scientology, según su portal en línea, viene del latín scio, que significa "saber, en el más extenso sentido de la palabra"; y del vocablo griega logos, que significa "estudio de". Juntas, de consenso al portal de la Cienciología, significan "saber cómo saber".

Hubbard, quien murió en el primer mes del año de 1986, ha basado la Cienciología en 3 supuestas verdades primordiales: el ser humano es un ser espiritual, su vivencia va muchísimo más allá de una sola vida y sus habilidades son ilimitadas, aunque actualmente no se dé cuenta. El objetivo de la Cienciología es "capacitar al hombre para que mejore su destino mediante la comprensión".

. . .

La Cienciología, a pesar de ser considerada por sus miembros como una religión, no tiene un concepto desarrollado de algún dios o ser supremo. Tampoco cuenta con un dogma sobre la divinidad que impone a sus miembros. Más bien, la Cienciología espera que cada individuo llegue a su propio entendimiento del ser supremo.

Las creencias que guían la Cienciología hasta el día de hoy son las mismas que fueron escritas por Hubbard. A diferencia de religiones como la católica, la Cienciología no fundamenta sus enseñanzas en un dios supremo, sino en supuestamente ayudar a sus miembros a entender su esencia espiritual y sus habilidades.

En este sentido, las escrituras del creador de la Cienciología hablan del "thetán", un concepto similar al del alma. Hubbard, en sus libros, escribe sobre la experiencia de la "exteriorización". ¿Qué es esto? Es la separación del cuerpo y la conciencia individual. Para la Cienciología, el thetán es el "yo básico" y la fuente de vida de cada uno de nosotros.

. . .

A diferencia de lo que indica la psicología contemporánea, para la Cienciología la mente no es un producto del cerebro, sino que pertenece al thetán que es un ente no físico: "El thetán usa su mente al manejar la vida y el universo físico. El cuerpo (incluyendo el cerebro) es el centro de comunicación del thetán. Es un objeto físico, no el ser mismo", explica este grupo en su web.

El concepto de thetán también es importante porque, según Hubbard, explica los males físicos y mentales que sufrimos los seres humanos. ¿Cómo ocurre esto? Según la Cienciología, en la Tierra existen thetanes sin cuerpo (espíritus descarnados) que, cada vez que nace un ser humano, se introducen en él (pueden ser uno o varios).

Estos thetanes tienen lo que Hubbard denominó "engramas", que son imágenes mentales negativas que afectan las vidas de los sujetos a los que se adhieren.

Todo esto puede sonar un poco extraño, pero la idea básica es que la Cienciología promete ayudarnos a "expulsar" estos thetanes que tenemos en nuestro cuerpo.

. . .

La Cienciología busca que sus miembros se conviertan en lo que denominan "thetán operante". ¿Qué significa esto? Según la Iglesia de la Cienciología, un thetán operante es alguien que puede vivir como ser espiritual, "que puede manejar cosas sin tener que usar un cuerpo físico".

A pesar de las promesas de la Cienciología, varios exmiembros han denunciado a esta institución por haberles generado problemas de salud. Hana Eltringham, por ejemplo, llegó a ser una de las personas más importantes en el ámbito de la cienciología, pero años después contó que sufrió depresión durante su etapa en la organización de Hubbard.

También tenemos la historia de Karen, se casó con su presidente y vivió como una reina. Ahora, es considerada una "persona supresiva" y, fuera de la comunidad, se enfrenta a los abusos perpetrados dentro de la controvertida organización. Karen nos explicó que la cienciología es como un tsunami de destrucción, se lanza hacia ti y cuando retrocede deja vidas quebradas, personas dañadas, personas quebradas, personas que creían que estaban comprando un sueño y a las que le vendieron un monstruo.

Todo empezó cuando tras varios exámenes diseñados para testear su "estado espiritual", Karen firmó un juramento de lealtad en 1975 e ingresó a Sea Org, un equipo de gerencia diseñado como una Marina. A los tres años, alcanzó el prestigioso rango de supervisora de casos clase 12 y se casó con Heber Jentzsch, un oficial del departamento de relaciones públicas que en 1980 se convirtió en el presidente internacional. Dos años después abrió los ojos: durante una campaña de recaudación de fondos, reclutadores de la Iglesia le llevaron personas con tendencias suicidas y psicóticas.

"La cienciología se opone a la psiquiatría e hipócritamente estaban aceptando pacientes psiquiátricos. Si una de estas personas moría bajo mi supervisión, yo sería responsable".

Cuando reportó esto, la Oficina de Guardianes, un grupo de inteligencia ahora llamado Oficina de Asuntos Especiales, la envió a un "programa de rehabilitación", donde realizó mucho trabajo manual y la obligaron a dormir poco y comer comida en mal estado. Incluso la forzaron a correr 12 horas diarias alrededor de un poste, supuestamente para brindarle iluminación espiritual.

Mientras corría se juró a si misma que iba a contar la realidad de la Iglesia de la Cienciología. Dos años después, en 1984, cuando nació su hijo Alexander, dejaron de hacerla correr. Pero a partir de ese momento, se les prohibió a miembros de Sea Org tener hijos debido a que, en palabras del grupo, "Sea Org es el único grupo que toma la completa responsabilidad de cuidar al planeta entero. Tener hijos ha resultado una carga impráctica y ha inhibido la eficiencia".

Karen y Heber solicitaron permiso para tener otro hijo, pero este les fue negado y Heber fue castigado.

En 1986, con la muerte de Hubbard, David Miscavige, un oficial "de ojos de acero frío", tomó el control de la Iglesia, a la que lidera al día de hoy "con un puño de hierro y un corazón oscuro". Numerosos miembros que han abandonado el culto lo han acusado de ser extremadamente violento, pero él siempre lo ha negado.

Un día, Karen fue llamada a la oficina de Miscavige y se le quitaron todos los rangos porque había compartido chismes sobre dos oficiales.

. . .

Tras esto fue interrogada intensamente durante seis meses sobre si deseaba "destruir la cienciología o a David Miscavige". Afirmó que la experiencia la dejó tan quebrada emocionalmente que se quedó y le permitió a su hijo entrar en Sea Org, algo que lamentará por siempre. En 1988 ella y Heber se divorciaron y se enteró de que él había entregado 24 reportes contra ella en un solo día. "La Iglesia usa la inteligencia como arma. Es una cultura en que el esposo reporta sobre la esposa y el hijo sobre el padre", explicó.

Finalmente, en 1990 decidió dejar la Iglesia. Para hacer esto, fue sometida a otros interrogatorios sobre si hablaría públicamente en su contra y si pediría una manutención. También le informaron que tenía una deuda de $90 mil por su entrenamiento. Para cuando logró salir en 2010, se había endeudado para pagar su entrenamiento, pero había construido una carrera en bienes raíces y luego en pinturas, y se casó con un abogado llamado Jeff Augustine. Pero al poco tiempo, miembros de Sea Org aparecieron en su puerta y la acusaron de hablar con "gente supresiva", es decir, ex miembros de la Iglesia, y le ofrecieron "aclararse", lo que rehusó.

. . .

A las pocas semanas, Alexander le mandó una carta en la que le demandaba que se sometiera a la Oficina de Asuntos Especiales si quería tener una relación con él.

En ese momento, Karen se convirtió en lo que la Iglesia llama "juego limpio", una persona a la que se le puede "mentir, robar y destruir". Afirmó que la Iglesia inició una campaña para desprestigiarla, diciendo infinidad de cosas sobre ella: dijeron que traficaba niños, la acusaron de maltratar animales, la denunciaron al Departamento de Sanidad por supuestamente vivir en condiciones insalubres y publicaron detalles de un procedimiento médico al que se había sometido.

En medio de esto, llegó el peor de los golpes: Alexander murió y no se le informó. Había contraído neumonía a los 27 años y, en lugar de proveerle tratamiento médico adecuado, la Iglesia simplemente lo trató con "ayuda de toque", un procedimiento que, según el culto, trata la mayoría de las enfermedades e incluso puede revivir a alguien. Debido a esto, Karen culpó repetidas veces a la cienciología por la muerte de Alex, fue acusada de usar el episodio para desprestigiar a la Iglesia y a Heber.

. . .

Como respuesta, Karen declaró: "No hablo porque tenga una venganza. No estoy diciendo que la gente no pueda creer lo que quiera creer. Hablo contra los abusos que se cometen en nombre de la cienciología. Hay gente que está siendo aplastada y destruida y eso se debe detener".

Los hijos de Dios

Los hijos de Dios, también conocidos como La Familia, es un culto con sede en California que utilizó pasajes bíblicos selectivos para crear un programa tortuoso de reclutamiento de miembros. Adaptando las escrituras al espíritu del amor libre de principios de la década de 1970, el fundador David Berg interpretó "Dios es amor" de una manera novedosa y audaz. Al encontrar inspiración en Mateo 4:19 cuando Jesús dice: "Síganme y los haré pescadores de hombres", Berg propuso una estrategia para sus seguidoras: intercambiar sexo por dinero para la iglesia y usar el sexo para conseguir más miembros. Llamó a su idea "pesca coqueta" y lo discutió crípticamente en un boletín de COG:

. . .

Por difícil que sea de creer, los seguidores de Berg adoptaron la estrategia con entusiasmo y, según documentos internos de la COG, más de 220,000 "peces" fueron amados.

Bebés de Jesús: El nombre que se le da a los niños que fueron concebidos a partir de la práctica de pesca coqueta de The Family.

Flirty Fishing desapareció en la década de 1980 con la creciente preocupación por el SIDA. Sin embargo, la COG todavía practica el "bombardeo de amor", cuando un grupo de personas rodea a un miembro o recluta potencial y les brinda una intensa cantidad de afecto y atención. Margaret Singer (una psiquiatra que testificó en nombre del periódico británico The Daily Mail durante un juicio por difamación que involucró a la COG) afirmó que el bombardeo amoroso era una técnica de lavado de cerebro más eficaz que los medios conocidos por los que los norcoreanos reprimían a los prisioneros de guerra.

P: ¿Qué es la "pesca coqueta"? Muchos de ustedes preguntaron por una definición.

R: Nos gustaría contestar que la "pesca coqueta" es salir a presenciar el amor de Jesús con la seria intención de usar el sexo o el atractivo sexual como cebo, sin importar la situación o el lugar. ¡Esto puede estar en cualquier lugar! ¡En la calle, en un parque, mientras vas a la tienda local, en discotecas o en clubes!

P: ¿"Amar sexualmente" también incluye besos y caricias suaves?

R: Le sugerimos que solo incluya la masturbación, la succión y el coito real en las figuras de pez, compañero, hermano o hermana amados sexualmente. ¡Es todo, o nada en absoluto! ¡Aleluya!

Este culto no solo se vio presente en Estados Unidos, sino también en varias partes del mundo, tales como Escocia. Esto se sabe gracias a que dos hermanos llamados Jonathan y Verity decidieron dar sus testimonios en contra de su papá. Jonathan comentó que no fue abusado sexualmente, pero si sometido a golpizas durante su vida dentro de este grupo.

También dijo que al estar dentro de estos cultos vives en un mundo dentro de otro mundo, no tienes contacto con nadie en el exterior; la única manera de impedir ese contacto es matando la curiosidad, y la única manera de hacer eso básicamente es metiendo en tu cabeza desde que naces que eres inútil, despreciable, inmundo. Desafortunadamente, una secta como esa, al margen de la ley, es un santuario para algunos adultos abusivos y violentos.

Verity aseguró que fue abusada desde los cuatro años por su padre y otros miembros de la secta y espera que sus revelaciones animen a otras personas a salir y denunciar las acciones de La Familia. También dijo que después de tantos años de abusos, para cuando cumplió 15 años, ya había intentado suicidarse en 3 ocasiones. Cuando abandonó a La Familia a comienzos de los 1990, Verity tuvo problemas con alcohol y drogas, en su intento por bloquear sus experiencias de niña.

También otra mujer llamada Dawn Watson habló de lo que vivió al haber nacido en el seno de este culto.

Desde temprana edad, Dawn empezó a tener relaciones sexuales.

. . .

En ese momento la niña no veía nada malo en los hombres con los que practicaba sexo, los denominados 'tíos'. "Cuando eres niño, aprendes a cepillarte los dientes; sin embargo, yo aprendí a tener relaciones sexuales", narra la mujer. También confiesa que tuvo que presenciar, entre otras cosas, fotos de mujeres desnudas clavadas en una cruz. "Fui abusada sexual, emocional y espiritualmente. Nos decían que como mujeres podíamos expresar nuestro amor sirviendo a los hombres, representantes de Dios. No había agresión, ya que todo sucedía en nombre de Dios, por eso resultaba muy difícil saber que lo que me hacían estaba mal".

Según cuenta la mujer, el fundador, conocido como el 'padre David', alentaba a las mujeres y los niños a pasar tiempo con sus 'tíos'. "Nos lavaron el cerebro de tal manera que todos creíamos que el sexo libre era parte de la expresión de amor hacia Dios. Incluso cuando se trataba de niños muy pequeños, que ni siquiera entendían lo que estaban haciendo".

Watson confiesa que nunca conoció una figura paterna entre los hombres de la comunidad con los que mantenía sexo: "Siempre miré a los hombres y 'tíos' de la comunidad como un peligro y quería estar lo más lejos posible de ellos".

La mujer recuerda una dramática escena en la que recibió tantos azotes como parte de un castigo, que su pierna quedó completamente magullada. "Fui a ver a mi madre y pregunté: ¿esto es amor?". Watson se sentía tan oprimida que a la edad de 13 años decidió irse, saltando por una ventana, de la casa en la que habitaban los miembros del culto. "Si el mundo exterior era un lugar tan terrible como decían y si Dios quería matarme, iría al infierno. Ya no me importaba".

Watson dejó a su madre y su hermano. Luego deambularía durante tres años, viviendo en casas de otros que también habían huido del culto. Cuando tenía 15 años, sin embargo, fue violada, algo que recuerda como uno de los momentos más dolorosos de su vida. "Después de eso llamé a mi madre, y ella finalmente tuvo el coraje de abandonar el grupo también".

Años después, Watson fundó su propia organización sin fines de lucro, con la intención de ayudar a las víctimas a salir adelante.

"Aquellos que hayan sufrido fuertes dolores emocionales pueden venir a mí". El culto cristiano pervive hoy en día bajo el nombre de 'La Familia Internacional'. En este momento está dirigida por Karin Zerby, la segunda mujer con quien se casó el 'padre David'.

Los Cultos De La Era Moderna

El culto de sacrificios humanos de Matamoros

En marzo de 1989, un estudiante de la Universidad de Texas llamado Mark Kilroy desapareció durante las vacaciones de primavera. Se dice que se alojó en la Isla del Padre, pero la noche que desapareció había cruzado la frontera con México para conocer su vida nocturna. Nunca se le volvió a ver.

Cuatro semanas después, su destino se reveló en un reportaje para una revista. Lo primero que encontraron fue su cerebro.

. . .

El órgano apareció en un caldero negro de hierro. Lo habían hervido en sangre en una hoguera junto a un caparazón de tortuga, una herradura, una columna vertebral y otros huesos humanos. Su asesinato ritual se había perpetrado en el marco de una especie de religión demente practicada por un traficante de drogas que operaba desde México. Las autoridades encontraron una tumba con lo que quedaba del cuerpo de Kilroy. Fue el primero de una larga lista de cadáveres mutilados.

El primer día de excavación aparecieron 12 cuerpos en el rancho Santa Elena. Las víctimas habían sido cortadas, golpeadas, ahorcadas o disparadas. Algunas fueron hervidas vivas. El único punto en común eran las mutilaciones rituales que seguían a su asesinato.

Los traficantes creían que los sacrificios humanos los protegían mágicamente de ser capturados por la policía e incluso que les hacía invulnerables a las balas. Por supuesto, se equivocaban. El arresto de un miembro del culto que se saltó un control de carretera en posesión de marihuana precipitó la caída de la banda cuando la policía se desplazó al rancho de la familia del arrestado.

. . .

En ese rancho encontraron muchas más drogas, pero también los cuerpos desfigurados de las víctimas del culto, incluyendo al desafortunado joven estadounidense que se cruzó con el grupo cuando buscaban su próximo sacrificio. El caso extendió un rumor que desató una ola de pánico satanista en los 80. Se decía que había cultos que secuestraban niños para sus rituales.

El hombre que convenció a sus adeptos para seguirle en esta locura se hacía llamar El Padrino y era un joven de solo 26 años llamado Adolfo de Jesús Constanzo que perpetraba sus crímenes con ayuda de Sara Aldrete, su novia de 24 a la que conocían como La bruja.

Constanzo eludió a las autoridades hasta 1989, año en el cual ordenó a un acólito que lo disparara anterior a verse capturado por la policía. La cabaña en la que realizaban sus crímenes se quemó por orden de la policía y se plantea que anteriormente practicaron un ritual para limpiar el sitio de malos espíritus.

La orden del templo solar

. . .

Fue fundada en 1984 por Joseph Di Mambro y Luc Jouret, tenía seguidores en varios países tales como Suiza, Francia o Canadá. Este grupo se basaba en un conjunto de creencias muy heterogéneo basado en los Rosacruces o los caballeros templarios. Con el tiempo, su espiritualismo New-Age cambió hacia creencias apocalípticas y una fuerte paranoia.

La cara visible del culto era el doctor Jouret y pese al mensaje apocalíptico, sus discursos eran los bastante magnéticos como para atraer nuevos seguidores. Di Mambro llevaba las finanzas del culto y no le faltó el trabajo, porque los seguidores eran en su mayor parte personas de mediana edad y buen nivel económico que llegaron a sumar 400 personas.

A caballo entre sus sedes de Suiza y Canadá, la suerte del culto se terminó en la década de los 90, cuando varios miembros de alto nivel desertaron y comenzaron las acusaciones de tenencia ilícita de armas y abuso sexual. En 1994, el grupo decidió que era hora de ascender a un plano de existencia superior para sobrevivir al apocalipsis medioambiental que se avecinaba y renacer en un planeta que orbitaba la estrella Sirius. El método para llevar a cabo esta ascensión era el fuego.

A finales de ese año, el grupo asesinó a Tony Dutoit, un antiguo miembro que había testificado contra ellos, junto a su esposa y su hijo de corta edad.

Días más tarde, las sedes donde se realizaban estos cultos se incendiaron.

En las sedes había 48 personas muertas. Algunas se habían suicidado, pero otras mostraban signos de violencia. Les habían inyectado con tranquilizantes o asfixiado con bolsas de plástico, a otros les habían disparado. Entre los fallecidos estaban Jouret, Di Mambro, y su esposa e hijo.

La tragedia no terminó ahí. En diciembre de 1995, una casa en los Alpes suizos ardía con 16 personas dentro.

La mayor parte habían muerto antes del incendio. En 1997, otros cinco miembros del grupo se inmolaron en Quebec. Contando a la familia de Dutoit, las víctimas del culto ascienden a 74 personas.

. . .

El culto de la puerta del cielo

En 1997, el cometa Hale-Bopp dejó un espectacular rastro en el cielo nocturno. Mientras los astrónomos se maravillaban, otro grupo convertía el suceso en tragedia con un suicidio colectivo vinculado a creencias cósmicas. Se trataba del culto de la puerta del cielo, un grupo que tenía su sede en Rancho Santa Fe, California.

Murieron 39 personas, incluyendo su líder y profeta, Marshall Applewhite. El grupo se sostenía mediante un próspero negocio informático y creía que con el cometa Hale-Bopp venía una nave espacial extraterrestre que les pondría a salvo del apocalipsis inminente. La página que el culto usaba para difundir esta doctrina aún sigue en pie.

Por desgracia, para subir a la nave había que cumplir un requisito problemático: morirse. Las fotos de los seguidores muertos envueltos en telas moradas y luciendo las mismas zapatillas deportivas inundaron los telediarios.

. . .

Los miembros del culto ingirieron una solución letal de barbitúricos y alcohol en tres tandas. A medida que perdían el conocimiento, se asfixiaban debido a bolsas de plástico con las que se envolvían la cabeza. La metodología a seguir para estas muertes rituales era precisa y los miembros del grupo la siguieron con detalle, amortajando a sus compañeros muertos con telas moradas y quitando las bolsas de plástico.

La Iglesia del Dios Todopoderoso

Este culto surgió a mediados de la década de los noventa en China bajo la premisa de que una mujer de dicho país era la reencarnación de Jesús y ella salvaría a la humanidad.

La Iglesia del Dios Todopoderoso es su nombre, aunque dependiendo de la región del mundo, ésta puede tener ligeras variaciones. El culto surgió en Henan, una provincia en China que en un principio existió completamente de forma cultodestina, regida por el secretismo dado que entre sus postulados está el anticomunismo y, según un reportaje en Estados

Unidos, también creen que el gobierno de Pekín está influido por el demonio.

Se trata pues de dos postulados que en un lugar como China serían motivo suficiente para su persecución y hasta encarcelamiento, en particular en tiempos recientes en los que la censura ha incrementado, además de la persecución y desaparición forzada de activistas de todo tipo.

El fundador del grupo es Zhao Weishan, un profesor de física que en primera instancia intentó autoproclamarse como una reencarnación de Jesucristo para que los fieles lo alabaran, no obstante, según los investigadores Lois Chan y Steve Bright, que analizaron el fenómeno después de que Weishan escapara a Estados Unidos, tiempo después él cambiaría su versión y diría que Yang Xiangbin, una campesina era ni más ni menos que la reencarnación china.

Ella habría de escribir "La Palabra manifestada en la piel" que es el equivalente a la Biblia de los católicos y es su evangelio.

. . .

Sin embargo, conforme el culto creció, invariablemente se enfrentó con la persecución dado que en China existe una estricta reglamentación cuando se trata de cultos religiosos ya que se considera que los cultos incitan a la subversión. En la actualidad tanto Weishan como Xiangbin habitan en Nueva York tras huir del gobierno chino y en aparentemente matrimonio.

La Iglesia del Dios Todopoderoso reporta que tan sólo del 2011 al 2013 cerca de 380 mil personas del "pueblo escogido de Dios" fueron arrestadas y detenidas, de las cuales fueron torturadas, interrogadas ilegalmente o multadas. No obstante, en 2014 el grupo recibió atención internacional después de que cinco de sus miembros fueran apresados por asesinar a una mujer a golpes que se negó a darles su número telefónico y que, según la declaración de los apresados, ella estaba poseída por Satanás y debían acabar con ella. La historia no hizo más que reforzar la imagen extremista del culto, así como permitir que surgiera otro tipo de información con respecto a las políticas internas del mismo.

De acuerdo con el gobierno chino, la forma en la que este culto hace proselitismo es mediante grupos de tres personas (o hasta cinco) que abordan a las personas en lugares públicos o visitando sus hogares, lo cual es una táctica reconocida en otro tipo de cultos de gran presencia en el mundo. No obstante, menciona que, por cada nuevo adepto, ellos reciben hasta 3 mil 200 dólares, lo cual de ser cierto convierte a este culto más en un sucio negocio que en un culto propiamente religioso. Por otro lado, la Iglesia del Dios Todopoderoso insiste que se tratan de intentos del gobierno chino de desprestigiarlos, en particular cuando se tratan de un culto que no ha sido aprobado por el Partido Comunista de tal país.

En la actualidad, este culto de influencia cristiana no es la única que ha surgido en el interior de China, lo que ha llevado a algunos a estudiar el fenómeno en el que este tipo de cultos ganan un buen número de adeptos en particular en las regiones interiores de China donde los índices de pobreza son más altos, así como el índice del lucro a través de la fe.

Aum Shinrikyo

. . .

Este culto apocalíptico japonés fue el responsable del terrible ataque con gas Sarín en el metro de Tokio en 1995. Doce personas murieron, miles resultaron heridas, y la mítica seguridad de Japón sufrió un duro golpe. Las creencias extremas del grupo fundado por Shoko Asahara es similar a la de otros cultos apocalípticos como El Templo Solar o La Puerta del Cielo.

Asahara predicaba que el fin del mundo estaba cerca y que solo los creyentes sobrevivirían al apocalipsis que tendría lugar en 1996 o entre 1999 y 2003. El culto había acumulado mucho dinero gracias a negocios de electrónica y restaurantes. Asahara reclutaba a sus seguidores entre los jóvenes universitarios que eran de familias adineradas que buscaban dar sentido a su existencia.

Después de un largo juicio de ocho años, Asahara fue sentenciado a pena de muerte por ahorcamiento, pero aún está a la espera de sentencia. Durante toda la vista rehusó contestar ninguna pregunta y solo hacía comentarios confusos. Según el New York Times, aunque el grupo eludía a las autoridades, para cuando sucedió el ataque en el metro tenía decenas de miles de seguidores en Japón y Rusia.

Lo más paradójico es que este grupo aún tiene presencia en Japón, aunque con otro formato.

Hoy en día, a pesar del ataque, Aum nunca ha sido prohibida en Japón como lo ha sido en Rusia y otros países donde les han declarado organización terrorista.

En su lugar, Japón ha optado por mantener a sus miembros bajo una estricta vigilancia. A nivel legal, el culto ha perdido el estatus de grupo religioso y todos sus bienes fueron confiscados para compensar a las víctimas. Su legado son dos cultos paralelos: Aleph y Hikari No Wa. Entre ambas suman alrededor de 1,500 seguidores que aseguran haberse desligado de Asahara, pero muchos japoneses se muestran suspicaces.

El culto ruso del día del juicio

El culto ruso del día del juicio que salió de una cueva es un reportaje de USA Today que ilustró las andanzas de un bizarro grupo en el país.

. . .

En noviembre de 2007, la policía rusa trataba desesperadamente de sacar a docenas de personas de una guarida subterránea cercana al río Volga en la que se habían metido para hacer frente al apocalipsis que, según ellos, llegaría en primavera de 2008. Los cultores tenían explosivos y estaban dispuestos a volarse si era necesario.

Curiosamente, el líder del grupo no se había unido a sus seguidores, la mayoría mujeres con niños de hasta 18 meses, alegando que aún tenía que guiar a otros seguidores que no habían llegado.

El autoproclamado profeta Pyotr Kuznetsov fundo lo que el llamada la auténtica iglesia ortodoxa y envió a sus seguidores a una cueva helada a la que el mismo no quiso entrar.

Kuznetsov estaba pasando por un examen psiquiátrico cuando le acusaron de haber organizado un culto religioso con ideas violentas. Según sus creencias, los seguidores de este grupo serían los encargados de decidir quién va al cielo y quién al infierno en la otra vida.

. . .

Los seguidores tenían prohibido manejar dinero y ver la televisión o escuchar programas de radio.

Los seguidores se resistieron a salir de la cueva durante meses pese al riesgo de que el techo colapsara. En marzo de 2008 las conversaciones se reanudaron, esta vez con mejor suerte.

Al final, fue otro tipo de apocalipsis el que obligó a los últimos cultores a evacuar la cueva. Dos de los seguidores murieron en el refugio y el hedor de los cadáveres se hizo tan insoportable que los nueve miembros que quedaban decidieron que era mejor el fin del mundo que soportar esa peste.

El destino de Kuznetsov sigue siendo un misterio. Se dice que intentó suicidarse cuando su predicción del fin del mundo fracasó. También fue acusado de una larga lista de cargos. Los rumores más firmes apuntan a que sigue recluido en una institución psiquiátrica a la espera de recuperar la cordura lo suficiente como para ser juzgado.

. . .

Ho no Hana Sanpogyo

Primeramente, debemos comentar sobre el líder de este culto cuyo nombre es Teruyoshi Fukunaga quien nació en la ciudad de Yamaguchi en Japón en el año 1945. Su infancia la compartió con su madre, puesto que su padre se encontraba luchando en la Segunda Guerra Mundial en la cual fallecería.

Cuando Fukunaga era joven, su madre lo dejaría bajo el cuidado de unos familiares, puesto que ella iría a Tokio a estudiar costura. Luego del regreso de ella, ambos se convertirían en creyentes de un culto cuyo nombre era "Nuevo Movimiento Religioso". Este culto sería la que sentaría las bases del culto que conformaría Fukunaga junto con su madre.

En el año 1979 Fukunaga afirmó haber recibido una revelación divina la cual le pedía que ayudara a los de su misma raza, en esta revelación se le daría el título de "Enviado del Cielo" así como lo fue en su momento Buda y Cristo. La diferencia que habría entre ellos dos es que Fukunaga estaba destinado a ser el salvador cuando llegase el fin de la humanidad.

Un año después de su revelación, Fukunaga fundaría el culto "Ho no Hana Sanpogyo" y a su vez cambio su nombre por el de "Hogen" Fukunaga. Por otro lado, Hogen afirma que una voz proveniente del cielo le habla y que él es el único capaz de escucharla.

Muchos de los antiguos seguidores de este culto creen que Fukunaga a fundó "Ho no Hana Sampogyo" con fines de venganza luego que él y su madre fuesen expulsados del "Nuevo Movimiento Religioso" el cual les provoco grandes problemas financieros. El culto "Ho no Hana Sampogyo" se traduce en "Flor de la enseñanza budista" o bien otras traducciones arrojan que significa "La flor y las tres leyes".

En lo que respecta a la doctrina de esta secta, no existen muchos estudios ni nada por el estilo. Se cree que su sustento eran los métodos de curación que ofrecían. Se podría resumir a esta secta como una mezcla cristiano-budista en donde existe un supuesto salvador quien en este caso sería Hogen Fukunaga quien escucha una voz divina que le dice que hacer. La base de este culto era la sanación física y mental, pero solo se podía acceder a ella pagando grandes cantidades de dinero.

Finalmente, el 9 de mayo de año 2000 Hogen Fukunaga sería arrestado por las autoridades japonesas junto con 11 colaboradores de la secta. Al momento de ser arrestado afirmó que él no tenía ninguna vinculación con la secta además de decir que esta era una "Organización Misionera" y que el dinero producido por la secta no puede ser devuelto, ya que este se habría ido al cielo.

9

Los Cultos Que Aún Siguen Vivos

Ku Klux Klan

Era la primavera de 1866, en una pequeña localidad de Pulanski, Tennesse, seis jóvenes que habían luchado juntos en las filas confederadas durante la Guerra Civil Estadounidense (1861-1865) decidieron crear un club social con el ingenuo propósito de encontrar algo de diversión para llenar su tiempo libre. Tras descartar nombres como "Los felices seis" o "El club social de Pulanski", los veinteañeros, de familias acomodadas y que conocían el alfabeto griego propio de las fraternidades universitarias, decidieron usar algo que fuera más llamativo: Ku Klux (del griego kuklos, 'círculo'), al que añadirían Klan para hacerlo más pegadizo.

· · ·

A cada uno de los jóvenes le fue asignado un rango y vestimenta única y bizarra: una túnica oscura, una máscara y capuchas blancas. Con ella pretendían dotar de un ambiente tétrico a sus reuniones y de paso añadir un componente atemorizador a sus bromas y jugarretas públicas. No tardaron mucho para decidir reclutar a nuevos jóvenes, quienes se comprometían a guardar el secreto sobre el club, sus extraños rituales y sus miembros. Así, no tardarían en surgir nuevos "dens" como se les llamaba en ese momento, o cultos locales, en ciudades y estados vecinos. De manera inocente nacía la que se convertiría en la organización terrorista más atroz de la historia de Estados Unidos y, probablemente, la que mayor impacto ha tenido en la sociedad estadounidense.

La Guerra Civil Estadounidense abrió una brecha muy profunda en el país. Entre los sureños creció el odio hacia el norte, más rico e industrializado, por su intromisión en el modelo productivo rural y esclavista del sur. Durante y después de la guerra, los terratenientes sureños vieron cómo los negros, hasta entonces su mano de obra gratuita, abandonaban el campo y emigraban al norte, haciendo tambalear su modelo económico.

. . .

Los antiguos amos, muy perjudicados económicamente por la abolición, rechazaron ferozmente estos cambios.

El trato hostil hacia los antiguos esclavos fue aumentando tras la guerra a medida que se les iban reconociendo derechos como la educación, la propiedad o el voto. Y el Ku Klux Klan, que no había nacido para ese propósito, se convirtió en el encargado de canalizar ese odio racista. Fue así como la organización de Pulanski dio un giro de 360 grados hacía el terror.

Todo comenzó cuando el den número dos de Athens, Alabama, horrorizado por la creación de una escuela para educar a negros, reaccionó raptando y arrojando a un arroyo helado a un estudiante en 1866. A partir de entonces, este grupo adoptó el objetivo de mantener la supremacía blanca. No paso mucho tiempo para que otros grupos decidieran unirse a esta batalla.

El KKK de este periodo nunca fue una organización centralizada, sino más bien un vago conjunto de bandas criminales bajo un mismo propósito.

. . .

Las componían hombres blancos de entre 18 y 35 años de edad de clase media y alta, que eran las mayores damnificadas por la abolición de la esclavitud. Entre ellos se encontraban también muchos veteranos confederados de la guerra civil que veían en el culto una oportunidad para revivir la excitación de la guerra asumiendo muchos menos riesgos. Otros se unían al culto por diversión, para formar parte de una institución que perseguía, según su perspectiva, una causa noble, patriota y piadosa con la que se sentían identificados y que dotaba de sentido a sus vidas.

El culto practicaba diversas formas de violencia. Eran muy comunes los asaltos nocturnos a hombres, mujeres y niños negros, a los que increpaban, amenazaban de muerte o raptaban. Las palizas, flagelaciones, torturas y asesinatos se hicieron habituales en el sur a finales de la década de 1860. Con todo, los objetivos prioritarios del culto eran las figuras políticas negras más influyentes, capaces de agitar el sentimiento identitario afroamericano. Lo que no podían conseguir con violencia lo hacían mediante boicots que condenaban a las víctimas al más profundo ostracismo: noticias falsas en periódicos, campañas de descrédito, asaltos a sus hijos en las escuelas, amenazas de muerte, negación de créditos en bancos o destrozos de sus propiedades.

En apenas tres años, el "Imperio Invisible", como también era conocido el KKK, contaba ya con más de medio millón de miembros y se había cobrado miles de víctimas mortales. El KKK acabaría siendo desmantelado en los primeros años de la década de 1870, aunque la violencia en los años siguientes continuaría solo que no tan seguido.

Después de esto el KKK floreció de nuevo debido a un nuevo evento, la Primera Guerra Mundial, debido a que durante este episodio se produjo una nueva oleada de migrantes negros desde el sur hacia las zonas industrializadas del norte, a las que también llegaron en masa inmigrantes provenientes de Europa. El culto alcanzaría su cima en la década de los veinte, en este momento la cifra de afiliados llegaría a los 3 y 8 millones por todo Estados Unidos. El Klan comenzaba a abarcarlo todo. Su organización era muy superior a la de antaño, y su influencia social, política y económica, implacable.

Sin embargo, si el ascenso del Klan fue vertiginoso, su caída fue fulminante. La Gran Depresión hizo estragos en la organización y marcó el punto final de su época dorada.

El KKK quedó aletargado durante décadas y solo regresó a la primera línea a finales de los cincuenta en contra del movimiento por los derechos civiles. Sin embargo, los cultos de esta tercera versión del Imperio eran más bien un disperso conglomerado de pequeños grupos que actuaban por su cuenta y que manifestaban su rechazo al fin de la segregación con actos de terror que incluían bombas y asesinatos selectivos. Uno de los atentados más graves ocurrió en 1963 en una iglesia baptista afroamericana de Birmingham (Alabama). La explosión provocó la muerte de cuatro niñas y decenas de heridos.

El KKK, que jamás ha sido catalogado por el Gobierno estadounidense como una organización terrorista, está lejos de desaparecer. Según el Centro Legal para la Pobreza Sureña, organización que se encarga de registrar la actividad de organizaciones que promueven el odio en Estados Unidos, todavía hay alrededor de cincuenta cultos activos con entre 5,000 y 8,000 miembros en total, la mayoría en los antiguos estados sureños confederados.

Aunque el KKK es mucho menos violento que antaño, no es infrecuente que sus miembros participen en asesinatos, tiroteos, asaltos e intimidaciones. No obstante, son sobre todo fuertes en internet y su actividad fuera del mundo virtual es muy reducida. Los actos públicos son cada vez menos recurrentes, y en 2019 se pudieron contar con los dedos de una mano. Los miembros del KKK también se están incorporando a eventos organizados por otros movimientos supremacistas o de extrema derecha, como los actos contra la comunidad LGBT y la lucha contra el movimiento Black Lives Matter. En junio de 2020, en el contexto de las protestas por la muerte del afroamericano George Floyd a manos de un policía blanco, un autodenominado líder del Klan trató de arrollar con su coche a un grupo de manifestantes, hiriendo a uno de ellos.

Aunque el KKK es prácticamente imperceptible en la actualidad, su herencia de rencor racial todavía sigue muy viva en la sociedad estadounidense.

Nuwaubianismo

Los cultos religiosos siempre son un tema de controversia y sorpresa, pero la que fundó Dwight York propagaba unas creencias insólitas.

El Nuwaubianismo, un culto de supremacía negra que asegura que el perro doméstico viene de la unión entre una mujer blanca y un chacal.

El movimiento del Nuwaubianismo inició en EE. UU. durante los años 60. Su fundador, Dwight York, era un exconvicto en libertad condicional por el abuso de una niña de 13 años. York empezó reclutando seguidores en Harlem, Nueva York; estas personas pasaban a vivir en el apartamento de Dwight y se desprendían de todas sus posesiones. En los años 60, York decide mudarse a Brooklyn donde él y sus seguidores empezaron a vender libros. La venta de libros tenía gran éxito y lograban convencer a las personas de ir a escuchar los discursos de Dwight. Para este momento el grupo usaba el nombre de Ansaru Allah Community.

Durante los años 60 y 80, el AAC llegó a recaudar una gran cantidad de dinero y seguidores. Alcanzaron a ser más de 500, y todos debían trabajar gratis para York o pagar una cuota diaria proveniente de otros trabajos. De esta forma el AAC llegó a poseer distintos negocios y alrededor de 20 apartamentos para que los seguidores vivieran.

. . .

Para este momento se consideraban un grupo musulmán de supremacía negra. La comunidad musulmana neoyorquina se encargó de dejar claro constantemente que no tenían nada que ver con ese grupo, que cada vez iba agregando más doctrinas y exaltando a Dwight York como a un dios. Sus seguidores debían vestir de verde y negro; además, los edificios en los que vivían separaban a los hombres de las mujeres. York controlaba quiénes tenían sexo y cuándo; los obligaba a pedirle permiso mientras que él tenía la potestad de tener relaciones con cualquier mujer de la comunidad cuando él quisiera.

En la década de los 90, Dwight York compró un terreno de aproximadamente 2 kilómetros cuadrados en Georgia. En este punto, las creencias que impartía a los seguidores fueron cada vez más curiosas. Primero, se cambió el nombre de la comunidad a Nación Nuwaubiana Unida de Moros; además, tenían la creencia de que los humanos provenían de razas extraterrestres y que la raza de los negros era superior a los ancestros de los blancos.

Por otra parte, York al ser "musulmanes" planteaba que eran descendientes de egipcios emigrados a

América, por lo que el nuevo hogar de Dwight pasó a llamarse Tama-Re, así se construyeron dos pirámides de 12 metros de altura, obeliscos y una esfinge.

Todas las construcciones se realizaron sin los permisos correspondientes. El FBI ya tenía la mira puesta en los Nuwaubianos, ya que la compra de los apartamentos y la creación de los negocios fue sin pagar impuestos, además de las denuncias que se tenían por el porte de armas ilegales. En Tama-Re se construyó, además, una mansión para York y residencias a las afueras para los cientos de miembros que vivían en el lugar. Poseía un club nocturno que presentaba conflictos con el ayuntamiento, ya que no poseía ningún tipo de licencia.

En el 2002 hubo una redada del FBI que pondría fin a Tama-Re, después de recibir acusaciones de pederastia, extorsión y explotación sexual infantil. Los abogados de York intentaron de todo para evitar la condena: alegaron que su cliente era descendiente de indígenas y que debía ser juzgado por su tribu, también que tenía problemas paranoides y de esquizofrenia, pero todo fue desestimado por el juez que lo condenó a 135 años de cárcel.

. . .

Hasta el día de hoy todavía existen personas que se mantienen fieles a York, e incluso la página oficial del culto es usada para pedir apoyo para la liberación del líder, que, después de más de 15 años, continúa siendo visto como un dios por muchos de sus seguidores.

Además de creer que York es un dios, este culto tenía otras creencias insólitas, como que los blancos lanzaron hechizos a las personas negras para mantenerlas sumisas, al igual que la música disco era parte de esta maldición; o que Hitler era un negro albino. Muchas de las creencias del grupo se basaban en extraterrestres, y eran usadas para fomentar el resentimiento racial que tenía Dwight York, asegurando que las películas de ciencia ficción son un mecanismo de Hollywood para mostrar "la realidad". Para ellos historias como la de Star Wars, por ejemplo, fueron eventos reales.

Nueva Jerusalén: un culto mexicano contra la educación

Son los miembros de la Iglesia Católica Tradicional de La Ermita, un grupo religioso asentado en Nueva Jerusalén, una comunidad rural de Michoacán, en el occidente de México. Las mujeres llevan el pelo cubierto con paños de colores, los hombres deben portar una cruz y las niñas permanecen en silencio la mayor parte del tiempo. Tienen prohibido ver televisión, escuchar radio o montar en bicicleta, y sólo pueden leer los textos autorizados por sus líderes. También creen que las nuevas tecnologías son asuntos diabólicos.

Rezan casi todo el día, desde las 4 de la mañana, mientras esperan que el mundo termine de un momento a otro.

El culto nació en 1973 y desde entonces ha llevado una existencia polémica. Ha llegado a ser noticia debido a diferentes acciones que toman contra las escuelas, una de las ultimas fue en el año 2012 ya que sus integrantes destruyeron las dos escuelas públicas que había en el pueblo y prohibieron a los niños asistir a clases.

En México la educación básica es obligatoria, y en los planteles públicos no se permite la instrucción religiosa.

. . .

Los habitantes de Nueva Jerusalén dicen que la educación laica atenta contra sus tradiciones y forma de vida.

Las autoridades de Michoacán solicitaron a los líderes del grupo que autoricen a los maestros a cumplir con su tarea, después de unos días se llegó a un acuerdo propiciado por las autoridades en el que el grupo renunciaba a la violencia. Pero igualmente todavía se discutía si la solución al conflicto implicaba trasladar las escuelas destruidas a otra localidad. Entretanto, alrededor de la comunidad se construye un nuevo muro, el primero se edificó hace décadas, para impedir que los profesores entren a la comunidad.

El libro La Virgen María en la Tierra, uno de los pocos textos autorizados en la comunidad, cuenta la historia de Nueva Jerusalén. La mañana del 13 de junio de 1973, narra, la Virgen del Rosario se apareció a una anciana, Gabina Sánchez viuda de Romero, a quien pidió le dijera al sacerdote local que iniciara una cruzada para salvar al mundo de la destrucción. El elegido fue Nabor Cárdenas Mejorada, párroco de la iglesia católica San José de Puruarán, el municipio donde existe la comunidad religiosa. Era un sacerdote singular.

Un artículo publicado en 1984 por el investigador Gustavo López Castro, del Colegio de Michoacán, cuenta que el religioso no aceptaba las nuevas reglas emanadas del Concilio Vaticano II, iniciado en 1962.

Cárdenas creía que la Iglesia Católica estaba obligada a mantener los ritos tradicionales del Concilio de Trento, realizado entre 1545 y 1563. Al principio el sacerdote no creyó las revelaciones de Gabina, una mujer campesina sin estudios, pero después de varias pruebas, según el artículo, decidió abandonar la parroquia y oficiar ceremonias en una ermita construida en el sitio de la aparición, una hondonada conocida como El Callejón.

No promovía el culto católico, al menos no como lo establecen las reglas de la Iglesia, sino que aplicaba las órdenes que la campesina decía le dictaba la Virgen del Rosario. El sacerdote fue excomulgado, y entonces decidió llamarse Papá Nabor y a Gabina Sánchez la bautizó como Mamá Salomé.

La Iglesia Católica Tradicional de La Ermita se construyó a partir de las normas y parábolas que supuestamente la Virgen del Rosario revela a personas elegidas, conocidas como "videntes" o "portavoces". Hasta 1982, cuando murió, esa tarea fue de Mamá Salomé. Luego Papá Nabor eligió a Mamá María de Jesús y en los últimos años la interpretación corresponde a Agapito Gómez.

Las reglas son estrictas. En la comunidad no hay centros de salud, están prohibidas las bebidas alcohólicas y nadie puede salir sin permiso. Durante un tiempo, incluso, se prohibieron las relaciones sexuales. A los niños sólo se les enseña a leer y escribir. Quienes son elegidos para continuar los estudios aprenden sólo las interpretaciones de la Virgen del Rosario. Por lo menos cuatro veces al día hay oraciones colectivas.

La vida entera en la Nueva Jerusalén tiene un propósito: salvarse del Apocalipsis, que primero fue anunciado para 1980, luego en 1988 y después para 2000.

La nueva fecha del fin del mundo no está clara, pues en 2008, al morir Papá Nabor, la comunidad se dividió en dos grupos. El más grande controla los templos religiosos, se opone a la educación laica y es el responsable de destruir las escuelas.

Al otro grupo, que fue expulsado de la comunidad, los periodistas locales los llaman laicos, pero en realidad no lo son, pues también creen en las revelaciones de los videntes. Ellos, ha dicho el vocero del gobierno de Michoacán, Julio Hernández, se apoyan en los maestros para tratar de regresar al pueblo.

A pesar de los esfuerzos por parte del gobierno desde el año 2012 no han podido detener las acciones que toman en este grupo contra la educación, las hostilidades entre la educación laica y el clero comandado por Tours continúan hasta hoy en día. Como alternativa, la Nueva Jerusalén ha implementado su propio sistema educativo paralelo. Sin embargo, las escuelas religiosas cuentan con un fuerte sesgo teológico. Algunos grupos han apelado a la ley de usos y costumbres, misma que rige algunas comunidades autónomas de Chiapas.

10

Los 6 Cultos Más Famosos En México

La Iglesia Universal

En México y el resto del mundo, los cultos religiosos se caracterizan por llevar a sus feligreses al límite. A través de un programa llamado Pare de Sufrir, los pastores que ofician las misas en nombre de Jesucristo tratan de adoctrinar a las personas a través de la televisión. Este movimiento, originario de Brasil entrevista a personas que supuestamente han sido salvadas por el hijo de Dios. Ellos cuentan su testimonio de fe y cómo es que, casualmente, antes de conocer la Iglesia eran un caso perdido: adictos a las drogas o al alcohol, otros robaban y algunos más habían sufrido problemas de salud muy graves, mientras algunos más sólo estaban perdidos en su camino.

Aunque parece una iglesia cristiana como cualquier otra, han demostrado que son agresivos, intolerantes y emiten juicios de valor en cada una de sus declaraciones.

En su culto se incluyen algunos amuletos que sirven para proteger a quienes lo portan, puesto que están benditos por los más grandes íconos de la Iglesia, como Jesús o Moisés. También dicen que poseen toallas mojadas con agua del río Jordan, también paños con el sudor de Cristo, entre otras cosas.

Durante mucho tiempo, todos esos amuletos han sido la ayuda de muchas personas a las cuales se les cobra una cuota de entrada, pero ellos la pagan con mucho gusto para poder darle una solución a su vida. De este modo, la Iglesia lavaba dinero, o eso se pensaba en 1990, cuando la policía brasileña los investigó por vínculos con el cártel de Cali, mismo que se decía, había comprado la Iglesia y a los canales en los que se transmitían los programas.

La Iglesia Universal jamás logró deslindarse de las acusaciones a medida que se expandían en toda

América Latina hasta llegar a México, uno de sus primordiales mercados, y no solamente fundaron capillas y templos, además montaron restaurantes de comida instantánea, carpinterías, tiendas y pizzerías, por colocar ciertos ejemplos.

Muchos teólogos y expertos en movimientos religiosos han llegado a la conclusión de que se trata de un culto que manipula a sus adeptos con fines económicos, advirtiendo a todos que no caigan en las redes de estos supuestos pastores quienes dan un guion a sus supuestos ayudados.

La Luz del Mundo

Nació en 1926 cuando un hombre llamado Eusebio Joaquín González, originario de Guadalajara, tuvo una revelación divina en sueños. En éstos se le ordenaba fundar una religión que creyera en Jesucristo, según las verdaderas predicaciones de Jesús de Nazaret en el siglo I.

. . .

Ésta comenzó a tener adeptos que ya no creían en el cristianismo como tal y que se habían alejado para siempre del catolicismo. Conforme fue creciendo la comunidad, el dinero que entraba a la iglesia era cada vez mayor, por lo que las autoridades comenzaron a dudar de su propósito, en especial cuando el líder construyó un rancho en Texas de tamaños descomunales para su disfrute personal, valuado en 1 millón 700 mil dólares. Algunos feligreses dudaron de la autenticidad de la supuesta revelación y se dedicaron a desprestigiarla, asegurando que en épocas electorales eran obligados a votar por los candidatos del PRI. Otros testimonios aseguran que el Partido Revolucionario Institucional ha financiado la vida de la iglesia, al menos durante sus elecciones.

En 2014, Naasón sucedió a su padre, el profeta Samuel Joaquín, quien fue cabeza de la religión por medio siglo. Samuel, a su vez, había heredado el liderazgo del suyo, Eusebio Joaquín González. Fue Samuel quien en los años noventa, le había encomendado a su hijo Naasón impulsar la expansión de La Luz del Mundo en California. Y el heredero cumplió con creces la misión, pues la iglesia cuenta allí con medio centenar de recintos religiosos.

. . .

Uno de los orígenes de la fortuna de la Iglesia y de la familia Joaquín, dicen ex integrantes consultados por esta investigación periodística, está en una práctica alentada por la misma jerarquía religiosa de la Luz del Mundo de invitar a los fieles a que cedan sus recursos a la iglesia.

A los fieles se les exige que hagan donaciones de al menos tres tipos: el 10% de sus ingresos personales (el diezmo); una ofrenda especial semanal al apóstol y una contribución para el mantenimiento del templo local.

Además, son obligados a comprar libros de himnos, velos y vestimentas para los servicios religiosos.

También se dijo que cada semana, los templos publican listas de las contribuciones de sus miembros, alentándolos a competir entre ellos para mostrar su amor por el Apóstol con donaciones cada vez más grandes, y avergonzando a los que no hacen donaciones considerables, algunos de los ex integrantes de la congregación religiosa lo dijeron en una demanda legal que presentó en una corte federal de Los Ángeles en febrero de 2020 contra Naasón y otros jerarcas de la Iglesia.

Por otro lado, existe otra demanda de Sochil Martin, de 34 años, contra Naasón Joaquín y a su iglesia que va mucho más allá de afirmar que incentivan a sus seguidores a que les donen propiedades.

Cuando ella tenía apenas nueve años, su tía y madre adoptiva le dijo que había sido elegida para servir al apóstol Samuel; la convenció de que aquello era una bendición especial y la empezó a preparar no sólo para servirle el café o la comida, sino además para realizar rutinas de baile con otras niñas. A los 12 años, cuando ya estaba suficientemente "entrenada", fue llevada a una reunión en una casa que La Luz del Mundo tenía en Big Bear Lake, un complejo turístico de California a la orilla de un lago, famoso por su centro de esquí en invierno.

Ahí, realizó bailes eróticos para el apóstol. A ella y a las otras niñas les habían enseñado ciertos pasajes bíblicos del Antiguo Testamento que describen el harén de esposas y concubinas del Rey Salomón, para justificar su actuación y para demostrar que el apóstol, al ser siervo de Dios, era incapaz de pecar.

. . .

En los siguientes cuatro años, Sochil bailaba regularmente, algunas veces hasta desnuda, para el apóstol, lo acariciaba y se dejaba acariciar como él quisiera.

Este pasaje, que relata cómo Sochil fue introducida en un círculo de abuso sexual, está incluido en la demanda que presentó la mujer en la corte de Los Ángeles.

Después de que Sochil diera su testimonio de lo que había pasado, salió a la luz otra de las víctimas de forma anónima, el testimonio que Teresa (nombre ficticio) comparte a continuación se mantiene anónimo por temor a sufrir represalias por parte de su familia. Esto fue lo que dijo:

"Mi familia ha tenido esta religión desde los tiempos de mis abuelos, así que está muy metida en mis raíces. Mis padres son de origen mexicano, pero se conocieron en Estados Unidos y se casaron dentro de la iglesia. Me enseñaron a asistir a al menos una de las misas que organizan a diario, aunque mientras fuese a más mejor porque, según la religión, el sirviente de Dios todavía está con vida y debemos agradecer por eso. Sentía que debía rezar por él porque me salvaba cada mañana.

Desde los 5 años era obligatorio para las niñas usar vestidos o faldas holgadas que no delinearan el cuerpo y llegaran hasta los tobillos, pues la religión dice que el cuerpo es un templo y debe honrarse y respetarse.

Crecí teniendo como referencia a Samuel, el padre de Naasón y quien era el anterior apóstol. Me sentía muy conectada con él. Recuerdo que sentía ganas de llorar porque estaba muy feliz de tenerlo en mi vida. Sabía lo importante que era, porque mis padres me habían enseñado que él era más importante que ellos. Cuando era niña, sentía la urgencia de ayudar en la casa del pastor, aunque al final no lo hice por no tener edad suficiente. La iglesia quería que las mujeres más entregadas y puras sirvieran la mesa cuando había cenas especiales en su residencia. Si alguna vez escuchaba algo negativo sobre la iglesia, tenía que interrumpir a la persona o irme. Creía que el diablo estaba utilizando a las personas y sentía que estaban perdidas en el mundo.

Mientras crecía, sentía que estaba en un mundo diferente al resto de la gente. Nos decían que éramos luz y que no debíamos mezclarnos con la oscuridad, manifestada en cualquier persona que no fuese parte de la iglesia.

Mis padres no me permitían asistir a ninguna actividad de la escuela ni me dejaban ir a fiestas de cumpleaños de compañeros de clase o a fiestas de pijamas.

Con el tiempo, enseñanzas de mi religión me asaltaban y me sentía muy mal por estar teniendo conversaciones con gente de otra religión o los pensamientos que no teníamos permitidos, hasta el punto de que sufría ataques de pánico. Empecé a tener miedo de quedarme dormida porque pensaba que, si moría durante el sueño, me iría al infierno. La primera vez que entré en pánico pensé que moriría y mis padres me llevaron a la sala de urgencias, pero afortunadamente mi corazón estaba sano. Los médicos dijeron que quizá la cafeína me estaba afectando, pero yo sentía que era la iglesia."

Despues de haber pasado por todo eso Teresa decidió dejar la iglesia y por último dijo: "Yo todavía sufro de trauma psicológico y he buscado ayuda profesional para manejarlo. Sabía que era arriesgado abandonar la iglesia, pero las cosas han mejorado para mí."

· · ·

Naasón Merari Joaquín fue detenido el 3 de junio de 2019 en el aeropuerto de Los Ángeles, cuando descendía del avión que lo trasladó desde Guanajuato, en donde había sostenido una reunión con fieles de La Luz del Mundo.

Ocho meses después del arresto, otra víctima presentó una nueva demanda legal en la que acusó que durante más de 20 años fue esclavizada, traficada y abusada sexualmente por los líderes de La Luz del Mundo. Dijo que ésta era una institución religiosa global "que ha hecho la explotación económica y sexual de niños y niñas" una pieza central de sus operaciones durante décadas.

La Fiscalía de California acusó a Naasón Merari Joaquín de tráfico de personas, producción de pornografía infantil y violación de menores de edad, entre otros delitos. La acusación se sustenta en los señalamientos de tres víctimas que aseguran que entre 2017 y 2018 cuando aún eran adolescentes, fueron obligadas a realizar actos sexuales frente a una cámara. A la fecha, la entidad ya ha obtenido testimonios de víctimas en México, reveló el funcionario, con lo que se busca ampliar la acusación.

Iglesia Nueva Generación Internacional

Se dieron a conocer a nivel nacional cuando en 2009, un grupo de feligreses rociaron aceite, sal y jugo de uva a 23 piezas arqueológicas ubicadas en el Museo La Venta, sólo por querer eliminar las tradiciones e imponer sus creencias. Esta iglesia se ubica en Tabasco y algunos de los integrantes han sido el exgobernador Manuel Andrade Díaz o el contralor del gobierno estatal, Roger Pérez Evoli.

Los cultos en esta iglesia suelen ser falsos trucos, ya que dicen sanar y bendecir con el calor de sus manos o mediante amuletos. Todos rezan y entonan cantos que suelen aterrar a algunos, como han dicho los vecinos, pero la polémica va mucho más allá, pues en un reportaje en vivo, el ciudadano Ignacio Prieto Valencia denunció que el culto tiene actividades ilícitas que van desde el engaño hasta supuestos homicidios. El líder suministra sustancias desconocidas a los feligreses causando estados de euforia colectiva que llaman "intervenciones del espíritu santo" y así les piden dinero que no se niegan a dar. Han llegado a cobrar 5 mil pesos para "contactar con Dios".

. . .

A veces estas sustancias han fallado y no regresan a las personas a la realidad.

Misiones de Shaddai

Esta es una de los cultos más peligrosas de México, ya que además de engañar a sus adeptos, les priva de la libertad. Este grupo llegó a Chiapas hace 20 años aproximadamente. Daniel López Toledo era el líder del culto que prometía dar un futuro mejor a las personas de escasos recursos y más vulnerables, como las mujeres que vivían en un estado caótico, deprimente y de injusticia. Al sacarlas de tales condiciones les prometía un hogar, una remuneración económica y seguridad. No obstante, las reclutaba en un hogar del cual no podían salir, les obligaba a realizar trabajos inhumanos. Mucho menos podían asistir a la escuela y a las más jóvenes y que estaban en edad reproductiva las llevaba a prostituirse.

Daniel López Toledo quien fue el líder, en 2011 fue detenido por trata de personas en el estado de Chiapas después de 20 años de haber establecido su culto con el que conseguía mano de obra barata para sus plantaciones de plátano, así como el ingreso del diezmo obligatorio.

El principal espacio en el que el grupo se desenvolvió era en el Ejido Congregación Reforma, donde López Toledo solía encerrar a sus feligreses y cortar su contacto con el exterior. La mayoría de las personas que acudían con López estaban convencidas de que éste, con la ayuda del Señor, los ayudaría a salir adelante, les concedería un predio para ellos solos. Es decir, una oferta muy difícil de negar cuando se vive en condiciones precarias y en particular cuando se une con el aspecto de la fe.

Una vez los miembros se unían al culto, rápidamente su vida religiosa se unía a la del trabajo forzado, que se enmascaraba como una simple condición para poder permanecer en el lugar. De tal forma estas personas cumplían jornadas laborales de hasta 12 horas con una paga de $1.70 pesos por hora. Por otro lado, los más jóvenes también eran incluidos en tales actividades, privándolos del acceso a la educación y privilegiando su trabajo en la plantación de López Toledo.

. . .

Para convencer a las personas de que los niños no asistieran a la escuela, se utilizaban argumentos de corte religioso, es decir, asistir al colegio podría ser peligroso pues los niños estarían expuestos a todo tipo de tentaciones. En cambio, permanecer en las inmediaciones del ejido no sólo no los expondrían, sino que por sus horas de trabajo serían retribuidos con 2 pesos por hora, en otras palabras, en promedio ganaban 24 pesos al día.

Como suele ocurrir en los cultos, el principal elemento para asegurar que los fieles permanezcan a pesar de las falsas promesas y la explotación es la simple coerción. En este caso, en el predio existía un "oficial" que tenía la orden de golpear a aquellos que no cumplieran con las actividades designadas, del mismo modo, el encierro y aislamiento de los miembros de la Misión de Shaddai imposibilitaba su salida.

Estos detalles se hicieron de conocimiento público después de que uno de sus feligreses lograra escapar del Ejido y declarar ante las autoridades las condiciones precarias de vida, el trabajo forzado y la reclusión.

. . .

Si bien López Toledo fue aprehendido, lo cierto es que el modelo impuesto se ha reproducido en la zona, en la que todo tipo de cultos religiosos han surgido.

Iglesia Cristiana Restaurada

Sus orígenes se remontan al año 1990 fecha aproximada de su fundación, aunque no contaban con registro como asociación religiosa hasta el año 2000.

Sus iglesias se encuentras principalmente en México, pero se han extendido lentamente a Centroamérica y los Estados Unidos. La Iglesia Cristiana Restaurada tiene en común la práctica de chantaje, difamación, intimidación, amenaza y lavado de cerebro. Esta organización es considerada un culto fundamentalista así lo ha publicado el diario Excelsior de México y otros periódicos importantes en varias ocasiones ya que se ha visto envuelta en actos delictuosos y escaldaos políticos, así como fanatismo religioso.

La organización se autodenomina un movimiento de restauración ya que creen fielmente que todas las iglesias y grupos cristianos del mundo se han desviado de la sana doctrina y ellos son un remanente iluminado que debe restaurar dicha desviación. Por ello el movimiento tiene toda la autoridad y obligación de acusar y repara la desviación de las iglesias.

Desde el punto de vista teológico es una herejía pensar de esa forma ya que este movimiento tiene la malsana tendencia de enseñar a sus feligreses que "fuera de ellos no hay salvación" al grado de declarar nulos bautismos en agua solo por el hecho de que la persona fue bautizada en otra organización cristiana. Es un grave error pensar de esa manera ya que Dios no se limita a un grupo en específico ni se les revela solo a ciertos cristianos.

La organización utiliza el secreto de confesión como un arma, se graban y almacenan la mayoría de las confesiones de pecados obtenidas en consejería pastoral, así como información privada para después chantajear a la víctima en caso de que esta quiera huir de la organización y así presionarla a que permanezca en el culto.

. . .

La organización se enmascara en otras organizaciones no gubernamentales con un perfil nada religioso como es el vivido ejemplo de DIIAC, Esperanza para la familia, ALAS, la casita y otras organizaciones que pretenden auxiliar y extender en diferentes ámbitos al movimiento. Estas organizaciones están formadas y dirigidas por miembros de dicha organización.

Otra característica de la organización son las "escuelitas" que son escuelas en su mayoría cultodestinas y sin registro ante la SEP conformadas por hijos de los congregantes con el objetivo de aislarlos del mundo y adoctrinarlos desde su temprana edad. El resultado es perturbador ya que como muchas escuelas operan sin registro ante la SEP muchos niños pierden años de sus estudios. Esta práctica también es anticristiana ya que la solución no es aislar a los niños del mundo.

El fanatismo irracional de este movimiento ha llegado a poner en peligro la vida misma de sus feligreses cuando los líderes de la organización indujeron a sus seguidores el 10 de diciembre de 1997 a una "huelga de hambre" hasta no obtener respuesta ante la Secretaría de Gobernación, atentando contra la vida e integridad de sus seguidores, peor aun rayando en el suicidio colectivo en el caso de no haber obtenido respuesta. Otro perturbador ejemplo son los hechos cometidos en el 2005 cuando cerca de quinientos manifestantes conformados por integrantes del culto convulsionaron las calles de Cancún provocando al gobierno y exigiendo que fuera puesta en libertad Leydi Campos Vera (líder de la organización) ya que esta había presentado un proceso judicial. Los enfrentamientos terminaron en una pelea entre los seguidores de la organización y los elementos de seguridad.

Las disciplinas y castigos son muy comunes en este movimiento, se sobaja y castiga con aislamiento y excomulgación a los seguidores necios o que callaron algún pecado, si un fiel es descubierto en pecado inmediatamente es excomulgado temporalmente por la organización, las disciplinas duran desde meses hasta más de 6 años. La estabilidad y salud de una familia fue puesta en peligro cuando un miembro de la familia fue excomulgado por el culto, prohibiendo al cónyuge y demás familiares mantener dialogo y relaciones con dicha persona, incluso el cónyuge fue inducido al mismo divorcio por uno de los pastores. Estos son solo algunos ejemplos de los cientos de casos de fanatismo e irresponsabilidad de esta organización, la lista de víctimas aumenta día con día.

Se dice que el creador es un socio de la empresa Kola-Loka, mismo que era un crítico de otros cultos ya que conocía los fraudes y las malas obras de otros cultos. Aun con ello, él lo negó todo hasta que en 2010 fue capturado por las autoridades y puesto en prisión, aunque aún faltan personas en ser detenidas, como los traficantes de personas y algunas otras pertenecientes a las autoridades que permitieron los hechos.

Culto NXIVM

Esta organización opera en México y Estados Unidos con un falso objetivo que dice ayudar a los feligreses, principalmente mujeres. Este culto fue fundado en 1998 por Keith Raniere. Se anunciaban como una organización de marketing multinivel que ofrecía cursos y seminarios de desarrollo personal de ámbito personal y profesional. Su sede se encontraba en el condado de Albany, en el estado de Nueva York.

Algunos medios de comunicación y antiguos miembros la califican de culto a raíz de una investigación judicial que supuso la detención de su líder Keith Raniere en marzo de 2018.

La entidad tiene representación en México, donde opera a través de los Executive Success Programs ("Programas de éxito ejecutivo" o ESP, según sus siglas en inglés). La filial estaba dirigida por Carlos Emiliano Salinas quien es hijo del expresidente mexicano Carlos Salinas de Gortari, hasta su dimisión tras la detención de Keith Raniere.

ESP opera en México desde el año 2000, tiempo en el que ha impartido alrededor de doscientos cincuenta cursos de entrenamiento para un total de ocho mil personas. Desde su fundación en 1998 hasta 2010, más de doce mil personas han asistido a sus clases.8 NXIVM se describía como un programa de coaching para ejecutivos.

En México, varias élites políticas son parte de NXIVM.

El funcionario público Javier Jileta, parte actual del equipo de trabajo de la subsecretaria Martha Delgado de la Secretaria de Relaciones Exteriores, es parte de NXVIM. Carlos Emiliano Salinas daba conferencias sobre temas de superación.

. . .

La relación de Raniere con Salinas Occeli es pública y al menos en los círculos políticos y empresariales no es un misterio. El mismo hijo del expresidente relaciona su organización Movimiento In Lak' Ech por la Paz AC con NXIVM y sus postulados. Según autoridades estadounidenses, Salinas no operaba solo, tenía un socio: Alex Betancourt Ledesma, quien ha sido señalado de recibir fotografías comprometedoras, llamadas *Colateral*, de las esclavas sexuales, las cuales servían como chantaje para evitar que las involucradas rompieran su contrato de confidencialidad y se comprometieran más con el culto.

De acuerdo con la revista Times,31 que cita testimonios, mujeres han sido utilizadas y literalmente marcadas en la piel con un hierro caliente. Un video revelado el 23 de mayo de 2019 muestra esta situación. También otros abusos han sido señalados.

Según el reportaje, desde su fundación, cerca de 16 mil personas se han inscrito a los cursos ofrecidos en **NXIVM**.

. . .

Mujeres de entre 30 y 40 años fueron extorsionadas, les pidieron que entregaran fotografías desnudas o material comprometedor como "garantía", en caso de que quisieran develar la existencia del grupo. Algunas de las personas que se han involucrado más al NXIVM han renunciado a todo: a sus carreras, familiares y amigos para convertirse en seguidores fieles de Keith Raniere.

El culto, que perseguía como fin "empoderar a las personas", tenía estrictas reglas. Algunas de ellas sometían a las personas a dietas o les exigían tener relaciones sexuales con su líder. Esas condicionantes hicieron que sus miembros decidieran salir de ella.

11

Cultos Populares De Un México Contemporáneo

JESÚS MAZO

Jesús Juárez Mazo fue un bandido sinaloense que vivió a finales del siglo XIX. Las historias populares lo pintan como un Robin Hood mexicano, que robaba a los hacendados ricos de la región para repartir el dinero entre los más necesitados. Murió en 1909, dicen por ahí que a causa de un enfrentamiento con la policía.

Cuenta la leyenda que las autoridades impidieron la sepultura del ladrón y que los habitantes de Culiacán empezaron a colocar piedras, una a una, alrededor del cuerpo hasta que se conformó una tumba improvisada.

· · ·

Las historias de milagros con la intercesión de Malverde empezaron a ganar fuerza y poco a poco se estableció un culto que lo enarbola como santo. Con el tiempo, la tumba original se cambió de lugar, dando paso a una capilla que permanece hasta el día de hoy.

A mediados de los años setenta, Raymundo Escalante, hijo del capo de la droga Julio Escalante, fue mandado matar por su propio padre debido a conflictos de negocios. Raymundo sobrevivió y le adjudicó el milagro a Malverde, a quien clamó por ayuda después de recibir un disparo y haber sido arrojado al mar. De ahí empezó la empatía de los narcos con Malverde y su asociación como el santo del narco, aunque la iglesia de Malverde rechaza tajantemente esta asociación.

El espiritualismo

En México hay 35,995 espiritualistas declarados (INEGI). El espiritualismo, también llamado doctrina espírita o doctrina de los espíritus, es una doctrina adaptada de una corriente filosófica nacida en Francia a mediados del siglo XIX. Esta doctrina está basada en los libros escritos por el espiritista francés Allan Kardec.

Este culto comparte elementos del cristianismo y de religiones prehispánicas y los mezcla con el espiritismo, que es la capacidad de comunicarse con el mundo de los muertos. El espiritualismo les da mucha importancia a las actividades curativas, ya que estas demostraciones, donde espíritus intervienen para devolverle la salud a las personas, son la principal manera de ganar nuevos adeptos. En la época porfirista las ideas espiritistas francesas se mezclaron con la cultura chamánica local y dieron origen a este nuevo culto. Durante esta época hubo gente que presencio como los espiritualistas practicaban las sanaciones y también como se comunicaban con los espíritus del más allá.

El espiritualismo también se apoya la herbolaria, el uso de amuletos y las limpias para sus rituales de sanación y utilizan denominaciones populares como sustos, aires y espantos, para referirse a las enfermedades que se tratan.

En México existen más de cien templos que siguen esta corriente, donde se llevan a cabo las llamadas cátedras y curaciones.

. . .

La cátedra es la unificación del espíritu del médium en meditación con la divinidad; éste entra en éxtasis para sintetizar la luz en su mente convirtiéndola en palabras para entregar a la congregación el mensaje.

En la congregación el médium espiritualista ha desarrollado esta facultad con muchos años de constancia, disciplina, preparación, entrega, fe y sinceridad con el mundo espiritual y su compromiso con los fieles. Los ritos y símbolos son una combinación de la tradición católica, mezclada con el espiritismo francés del siglo XIX y mucho del espíritu de la francmasonería. Este sincretismo, netamente mexicano, ha crecido y se ha mantenido vivo a lo largo del siglo XX.

En la Ciudad de México es donde se concentra el mayor número de templos, sobre todo en las colonias y barrios de la periferia. Ecatepec, Ciudad Nezahualcóyotl y Chimalhuacán son los sitios donde más templos y creyentes hay. Muchos creyentes combinan este culto con el católico, pues las figuras espirituales que descienden son las mismas que se veneran en la Iglesia católica: Dios Padre, Jesús, la Virgen María. Cada templo tiene libertad de adaptar su doctrina a sus usos y costumbres.

La Santa Muerte

El culto a la Santa Muerte es uno de los más nuevos y de más rápida expansión en México. Es una adaptación del catolicismo en el que la figura de la muerte toma un papel principal como intercesora entre lo divino y sus devotos. En su estructura, no es muy diferente a la religiosidad popular centrada en otras figuras establecidas del catolicismo, pero ya que la muerte es ajena y hasta contraria en concepto, al universo católico, se le ve con un gran recelo.

Aunque dentro de los devotos existen personas de todos los oficios y estilos de vida, el vox populi lo asocia principalmente con miembros de bandas delictivas, personas en situación de calle, comerciantes del mercado informal, personas en puestos de poder político, policías y narcotraficantes.

No se conoce exactamente el origen de este culto, pero sus practicantes mencionan la influencia de las religiones prehispánicas. También hereda algunos elementos de prácticas religiosas afro caribeñas.

· · ·

Un claro ejemplo es la importancia del tabaco como ofrenda, similar al caso de Oyá, la deidad de los muertos en la santería.

Aunque el culto a la Santa Muerte se asocia al catolicismo, promueve algunas prácticas que van en contra de los cánones de esta religión, como la defensa del aborto y el uso de métodos anticonceptivos. Representantes de la iglesia intentaron registrarla oficialmente ante el gobierno mexicano en 2007, pero su petición fue denegada.

La Bendita Ánima de Juan Soldado

Juan Castillo Morales fue un militar de origen oaxaqueño nacido en 1914. A sus 24 años fue sentenciado a muerte y ejecutado en Tijuana por la violación y el asesinato de Olga Camacho Martínez, una niña de 8 años de edad.

A Juan Soldado se le empezaron a adjudicar milagros después de muerto y las personas rápidamente empezaron a correr el rumor de que había sido acusado injustamente para aplacar el desorden social que se vivía en Tijuana gracias al cierre de casinos durante el gobierno de Lázaro Cárdenas. La verdad es que Juan Castillo Morales fue encontrado culpable después de que la policía de Tijuana y San Diego encontró pruebas contundentes en su contra y de que él mismo confesara su crimen.

Actualmente su culto lo considera como el santo patrón de los inmigrantes indocumentados mexicanos y su tumba es visitada a diario por sus devotos. Los restos de la niña Olga Martínez también están en el panteón municipal de Tijuana y su tumba se conoce como la olvidada.

Los Concheros

Todos en México hemos visto a los concheros, esos personajes que bailan con atuendos prehispánicos en las plazas y atrios de las iglesias alrededor de México.

Para el observador casual, este fenómeno podría parecer un simple baile o una puesta en escena; sin embargo, esta danza ritual sincrética tiene un trasfondo bien definido.

Existe registro de la existencia de concheros desde el siglo XVIII, pero según su propia tradición, el culto conchero se originó en 1531, mientras los conquistadores se enfrentaban a grupos chichimecas en el cerro de Sangremal en Querétaro. Afirman que, durante esta lucha, una cruz luminosa conocida como la Santa Cruz, apareció en el cielo y recibieron un mensaje de paz del mismísimo apóstol Santiago, que se apareció junto con la cruz. Esto provocó la rendición de los chichimecas frente a los españoles y el inicio del culto conchero. En septiembre de cada año, grupos de concheros se siguen reuniendo en el cerro de Sangremal para conmemorar este acontecimiento.

La tradición conchera incluye rituales de curación, danzas, velaciones y el culto a los antepasados y sus danzas escenifican el proceso de la conquista y tienen el fin de unificar al hombre con la naturaleza. Cabe mencionar que el culto conchero se ha diversificado mucho en los últimos cien años, dando lugar a nuevas corrientes que han dejado de lado todos los símbolos ajenos a la tradición prehispánica.

Aunque los concheros tienen una mayor presencia en la Ciudad de México, Querétaro y la zona centro del país, se pueden encontrar grupos por todo México y en ciudades con una población mexicana importante en los Estados Unidos.

Cirujanos psíquicos

Se consideran una hermandad que se reúne para ayudar a los demás. Su principal figura espiritual es "El Hermanito Cuauhtémoc". El origen de este grupo es una curandera psíquica de renombre en los años sesenta y setenta del siglo XX, Bárbara Guerrero, mejor conocida como Pachita. Nació en Parral, Chihuahua, hacia 1900 y murió en la Ciudad de México el 29 de abril de 1979. Pachita fue la "cirujana psíquica" más conocida en el país y en el extranjero.

Fue investigada tanto por mexicanos como extranjeros. Pachita desde muy joven empezó a curar por medio de hierbas medicinales y tés, y en algún momento de su vida decidió operar, asegurando que el espíritu de Cuauhtémoc (último emperador Azteca) se apoderaba de su cuerpo físico para curar a través de ella.

Lo llamaba El Hermanito. Aún hoy, a 33 años de su muerte, el espíritu del "Hermanito" sigue bajando en los seguidores de Pachita, y ella misma visita a sus discípulos. El actual receptor de El Hermanito es el nieto de Pachita. Se ha vuelto un legado familiar.

Tiene a su alrededor un grupo de "discípulos" que le ayudan en las cirugías. Este culto se envuelve en un ritual peculiar; los asistentes se reúnen en una casa por la noche y se apagan todas las luces, pues según explican, El Hermanito no aparece con luz artificial y tiene la libertad de dañar al médium. En esta oscuridad se invoca al espíritu mediante cánticos. Cuando por fin entra el espíritu de El Hermanito en el médium, éste cambia de voz y pasa uno a uno a los pacientes, decidiendo si sólo hablarle, curarlo u operarlo.

Los incrédulos argumentan que es toda una puesta en escena donde el aislamiento de los sentidos ayuda a maximizar la experiencia. Pero lo que es real son los cientos de testimonios de personas que dicen haberse curado de las enfermedades más complicadas. Gente de todos los estratos y procedencias avala este sistema de curación espiritual e incrementa el culto, que se mantiene cerrado y secreto.

Conclusión

La mayoría de los cultos alrededor del mundo, como ya vimos, han sido creados para apoyar una creencia, sea correcta o no. Y se conforman por gente que tienen alguna necesidad o algún problema en el momento en el que alguien se acerca y les ofrece todas las soluciones a sus problemas. Al leer cada una de estas historias, podemos notar que en muchos de estos grupos ha habido toda clase de situaciones tales como abuso sexual, trata de personas, posesión de pornografía infantil, racismo, homicidios, prostitución, fraude, robo e incluso se les ha privado de su libertad, así como también de la educación.

Todo esto lo logran usando la palabra de Dios, la mayoría de estos cultos dicen que Dios es el que les pide las cosas y que por esa razón tienen que hacerlas, para poder cumplir su palabra y que no sean castigados en caso de no satisfacerlo, también lo usan para justificar todos los crímenes que están cometiendo.

Todos estos grupos se han creado desde muchos siglos atrás, muchos de ellos han detenido las actividades, otros siguen activos, pero con otro nombre o de diferente manera y otros se han acabado debido a que la gente deja de creer en ellos, así que se cansan, escapan de donde están y los acusan, contando todo lo que pasaron durante su tiempo en ese culto. De igual manera pudimos aprender que, aunque un culto nazca en un país puede llegar a tener un alcance inimaginable, varios de estos grupos han llegado a ser internacionales, algo que es impresionante.

www.ingramcontent.com/pod-product-compliance
Lightning Source LLC
LaVergne TN
LVHW021718060526
838200LV00050B/2739